大美中国：
非遗保护
创意创新案例集

Beautiful China:
The Collection of Creative Cases of
Intangible Cultural Heritage

清华青岛艺术与科学创新研究院 编

清华大学出版社
北京

内 容 简 介

本书从非遗的文化基因、守正创新、品牌叙事和产业化探索等角度，以非遗传承人和清华美院师资力量共同创作的作品案例为载体，系统梳理"清华大学美术学院—BMW非物质文化遗产保护创新基地"多年来对于非遗创新路径与创新模式的探索和实践，展示中国非遗不断走入现代生活过程中的表现成效。期望本书能为社会各界提供非遗保护与传承创新的借鉴及范式，带给文旅及非遗行业、产业链、研究机构及教学科研单位示范及启发作用，助力文旅行业及产业的可持续发展。

本书封面贴有清华大学出版社防伪标签，无标签者不得销售。
版权所有，侵权必究。举报：010-62782989，beiqinquan@tup.tsinghua.edu.cn。

图书在版编目（CIP）数据

大美中国：非遗保护创意创新案例集 / 清华青岛艺术与科学创新研究院编. —北京：清华大学出版社，2023.8
ISBN 978-7-302-63061-6

Ⅰ. ①大… Ⅱ. ①清… Ⅲ. ①非物质文化遗产—保护—案例—中国 Ⅳ. ① G122

中国国家版本馆 CIP 数据核字（2023）第 044091 号

责任编辑：王如月
装帧设计：张雅正　姜雅慧　葛　静　舒晓萌
责任校对：王凤芝
责任印制：杨　艳

出版发行：清华大学出版社
网　　址：http://www.tup.com.cn, http://www.wqbook.com
地　　址：北京清华大学学研大厦 A 座　　邮　编：100084
社 总 机：010-83470000　　邮　购：010-62786544
投稿与读者服务：010-62776969, c-service@tup.tsinghua.edu.cn
质量反馈：010-62772015, zhiliang@tup.tsinghua.edu.cn

印 装 者：小森印刷（北京）有限公司
经　　销：全国新华书店
开　　本：185mm×260mm　　印　张：27.5
版　　次：2023 年 8 月第 1 版　　印　次：2023 年 8 月第 1 次印刷
定　　价：299.00 元

产品编号：100333-01

《大美中国：非遗保护创意创新案例集》编委会

支持单位

宝马（中国）汽车贸易有限公司

华晨宝马汽车有限公司

清华青岛艺术与科学创新研究院

中国教育发展基金会

清华大学美术学院 – BMW 非物质文化遗产保护创新基地

总顾问

鲁晓波、马赛、高乐（Jochen Goller）、戴鹤轩（Franz Decker）

主编

赵超、孙玮

执行主编

汪建松、杨新斌

学术顾问（以姓氏笔画为序）

马泉、马文甲、王悦、王建中、王轶男、王晓昕、申伟、刘润福、刘锦景、李薇、杨佩璋、张雷、张红娟、陈岸瑛、岳嵩、洪兴宇、莫芷、宿志鹏、谭佳佳

传承人顾问（以姓氏笔画为序）

丁大为、寸煜坚、万翔、石岩、冯月婷、冯增超、杨帆、吴名驹、邹传志、陈焕升、段袁、黄倩、黄丽琼、黄翠花、符林早、普明惠

执行组（以姓氏笔画为序）

王启迪、叶晟、付航、刘卫东、李丹、张雅正、陈洁、陈思颖、易楷淇、姜雅慧、洪吴迪、葛静、舒晓萌

序言 PREFACE

为响应国家"推动中华优秀传统文化创造性转化、创新性发展"的号召，2016年6月，清华大学美术学院与宝马（BMW）在中国非遗保护创新领域正式合作，共同建立"清华大学美术学院—BMW非物质文化遗产保护创新基地"（简称"清华美院—BMW非遗保护创新基地"或"创新基地"，下同），从过去对传承人"授人以鱼"的捐助模式，升级为"授人以渔"的赋能模式。六年来，已有共计46位来自四川、湖南、青海玉树、海南、辽宁、云南等地的非遗传承人完成了研培学习。2019年，清华青岛艺术与科学创新研究院加入非遗保护创新项目，带来了专业的展示平台和成果转化机制，促成了"创新基地"的产业化升级，在非遗技艺创新发展的基础上，更加关注成果市场化的创新研究。

2021年4月19日，在清华大学110周年校庆前夕，习近平总书记来到清华大学视察，首站就来到美术学院参观校庆特别展。观展时，总书记指出，美术、艺术、科学、技术相辅相成、相互促进、相得益彰。要发挥美术在服务经济社会发展中的重要作用，把更多美术元素、艺术元素应用到城乡规划建设中，增强城乡审美韵味、文化品位。将美术成果更好地服务于人民群众的高品质生活需求。我有幸陪同总书记参观了我们的校庆特别展，并向总书记汇报了由清华美院建院以来承担的大量服务国家和民生的艺术经典设计项目，也特别介绍了学院以艺术设计助力非遗文化扶贫所作出的探索和应用，其中包括汇集了多项中国顶尖传统非遗技艺的BMW"华彩辉耀典藏版"7系等丰硕的合作成果，得到了总书记的高度肯定。

我深深感受到总书记对艺术文化工作的高度重视，我们在新时代要树立起文化自信，要讲好中国故事，就势必要审视我们的优秀传统文化、传统造物思想和形式。"创新基地"组织美院专家团队与非遗传承人展开合作，这并非导师对传承人的单向输出，我们与传承人之间的关系是相互学习、相互支持、相得益彰的。一方面，我们引导非遗传承人将精湛的技艺融入现代制造业，将非遗文化从手工艺品转化到现代制造业产品中，让传承人在一个更开放、更广阔的平台上施展他们的才华，真正走向市场，改善他们的生存状态，将非遗技艺持续地传承下去，使非遗在生产中得到保护；另一方面，传承人也让我们更深入地了解中国传统的艺术范式，让我们在传统文化的语境下去理解这种创造性的思维和技艺在几千年里逐渐改善、凝练的过程。这是一个创造的过程，也是一个思维、思想境界提升的过程。非遗文化的背后承载了中国造物文化中深层次的精髓，对我们来说非常重要，能够启发我们在今后的艺术工作中创作出更具有中国文化、中国风格和传统文化底蕴的作品，这也是这项活动的意义所在。

如今，我们梳理"创新基地"多年来探索的非遗传承、保护、发展的创新路径与创新模式，展示"创新基地"在助力非遗传承人走入现代生活过程中的系列成果，以"可持续、可复制"为目标，编纂了《大美中国：非遗保护创意创新案例集》，以期为社会各界提供借鉴及范式，给予行业、相关产业链、研究机构及非遗传承人示范及启发作用，助力文旅行业及产业的可持续发展。

感谢 BMW 对项目的投入与支持，感谢各位导师在项目中的倾心付出，感谢各位传承人对非遗保护事业的推动。未来我们将会继续拓展非遗保护创新事业的新路径、新模式，为传统工艺注入生命力、创造力，切实推进非遗生活化的重任，为实现构建中华优秀传统文化传承体系的宏伟目标继续贡献力量。

鲁晓波
清华大学文科资深教授
清华青岛艺术与科学创新研究院院长

前言
FOREWORD

设计是构建社会包容性发展和文化传承创新的重要手段之一。设计学科要发挥其整合作用，前提是在系统思维中对创新过程中被整合的不同学科有认识和了解，并能促成不同资源的协调合作。国家正在大力推进非物质文化遗产的保护和传承，设计学科能够发挥特有的学科优势对文化遗产进行产业活化与创新，让非遗的文化印记真正与现代社会生活发生关联。

2016年成立的"清华大学美术学院—BMW非物质文化遗产保护创新基地"，通过清华与BMW的共同合作，逐步把非遗文化传播到社会。2019年，随着清华青岛艺术与科学创新研究院加入，非遗传承开始了新的征程。清华青岛艺术与科学创新研究院，通过产学研一体化进行全方位的孵化和转型，集中优势学术资源与产业能量，引领中国非遗文化创新发展之路，让非遗成果通过艺术设计、成果转化，真正走向社会，实现产业化发展，提升非遗文化的现实价值，彰显国家文化创新和民族自信。

这本《大美中国：非遗保护创意创新案例集》汇编了以往六年非遗保护创新基地的优秀成果，依托BMW品牌力量与清华大学美术学院的设计学科力量，以市场需求为导向，让具有传统文化内核的传承人与熟知现代流行审美的清华美院导师合作，共同开发非遗文创产品，推动了非遗领域"产学研"的协同创新。未来，希望以美院的培养模式为基础，结合研究院的产业优势、品牌孵化和创新能力，把非遗成果产业化，形成强有力的品牌效应，真正使非物质文化遗产走向大众舞台。

赵超

清华大学美术学院副院长
清华青岛艺术与科学创新研究院副院长

秉持"家在中国"的理念，宝马集团很荣幸能够为中国经济和社会的积极发展提供动力和为实现企业与社会的共创共赢作出贡献。宝马集团早已将可持续发展作为企业战略核心。"人""经济繁荣"和"地球"（"People"，"Prosperity" and "Planet"）是我们可持续发展整体框架中的三原则。因此对我们而言，可持续发展不仅仅意味着绿色低碳，还关乎人与社会。宝马集团相信，一个卓越的企业需要一种远超于仅仅追求利润的企业使命，那就是：紧密联结所有利益相关方，创造切实的价值，助力解决社会问题，最重要的是，要为社会作出积极贡献。

我们认真倾听中国政府与社会的迫切需求，创新践行企业社会责任，以有效行动为中国社会作出切实贡献。"保护好、传承好、利用好文化瑰宝和自然珍宝，是全社会共同的责任"。这就是宝马在中国于 2007 年发起"BMW 中国文化之旅"企业社会责任项目的原因，我们致力于保护中国传统文化，至今坚持了十六年，未来也会矢志不渝地践行这份承诺。

2016 年，宝马中国与清华大学美术学院开启合作，成立了"清华大学美术学院—BMW 非物质文化遗产保护创新基地"，致力于推动非遗可持续赋能与保护，助力"非遗走进现代生活"。

当我来到清华美院，与时任清华美院院长鲁晓波教授共同为创新基地成立揭幕的时候，我与鲁晓波教授有个约定："BMW 与清华美院，作为各自领域的领先者与创新者，要强强联合，做一些前人未做之事，做一些有利于文化传承的事情"。我真的非常高兴，这件事我们坚持了六年，而且我们仍然要坚持下去。《大美中国：非遗保护创意创新案例集》作为阶段性的切实成果，是我们紧密合作的最佳写照。

鲁晓波教授及清华美院的诸位老师们，始终以具有引领性、超前性的设计理念和方法，推动与非遗传承人共享共创，结出累累硕果。在双方携手努力下，我们共同举办了六场社会创新成果展、超过二十场研讨会，有近五百位来自全国各地、各民族的非遗传承人在创新基地完成了学习、培训，乃至与大师的"一对一"共创。

我们还携手鲁晓波教授率领的清华大学美术学院团队，共同打造了"华彩辉耀典藏版"7 系，将中国传统工艺和现代设计融于一身，体现了东方美学和宝马匠心工艺融合为一的至臻之美。宝马通过创新思维展现出对于中国文化的理解与尊重，更为"非遗走进现代生活"创造了一个可供借鉴的经典案例，在设计领域及文化领域均收到了很好的反响。

在这本《大美中国：非遗保护创意创新案例集》付梓面世之际，正值我们的沈阳生产基地——合资企业华晨宝马汽车有限公司成立二十周年，这是我们践行对中国社会长期承诺的又一明证。我非常自豪和高兴，这一独具特色的《大美中国：非遗保护创意创新案例集》，完美诠释了宝马集团"家在中国"的理念，是宝马集团在中国积极联结利益相关方，携手共同为社会作贡献，共同创造"美丽中国"的完美明证。

高乐　Jochen Goller
宝马集团大中华区总裁兼首席执行官

对于华晨宝马而言,"家在中国"不仅是一句承诺,还是切实的持续贡献。我们相信,一家卓越的企业,不仅注重于业绩与盈利能力,还必须切实关注社会问题并以促进社会发展为己任。

2007年,我们发起了"BMW中国文化之旅"企业社会责任项目,聚焦中国传统文化保护,致力于赋能非遗传承人,促进文旅融合。过去十六年间,我们走遍了中国二十四个省、市、自治区等,打造出助力非遗走进现代生活的可持续性公益平台。

世界因多样而精彩,文化因互鉴而共荣。目前,中国入选联合国教科文组织非物质文化遗产名录项目总数位居世界第一。中国独特的文化遗产不仅成为本土,也成为全球丰富的灵感源泉。我们很荣幸成为中国传统文化的"守护者"之一。

尊重文化的多元性是这个星球共享共荣的根本。相互学习,在实践中积累经验,保持对外开放的心态是推动进步的基础。在BMW,我们相信合作共赢,并珍视多样性。恰恰是多样性,成为文化、艺术和设计的创意源泉。

此书付梓面世之际,恰逢华晨宝马成立二十周年,我们以切实的创新社会成果,向中国社会的非遗保护事业献上一份礼物。多年来,"BMW中国文化之旅"通过众多创新形式,带动社会公众走进非遗、认识非遗,持续探索"非遗走进现代生活"的更多可能性。这本《大美中国:非遗保护创意创新案例集》是对非遗传承人创新成果的记录归纳,将为非遗行业及社会各界相关人士提供有效借鉴与启发。我们将以此案例集发布为契机,继续携手各界有识之士为中华优秀传统文化绘就浓墨重彩的当代非遗画卷。

在此我要特别感谢清华大学美术学院。我们与清华美院的合作不断深化,在尝试"政(府)-企(业)-学(术)-研(究)"方面,不仅在非遗合作领域取得了令人骄傲的成就,而且我们双方的合作还进一步延伸到更多社会发展领域,如生物多样性保护,通过设计赋能企业社会责任,创造最大化社会价值。

我们非常自豪,能在过去的十六年中,持续地为非遗保护事业作出贡献,我们仍会继续努力。家在中国,我们积极创新践行企业社会责任,始终坚持为建设更好的本土社区贡献宝马力量。

仅以此书,作为宝马贡献中国社会,努力推动文化交流、互鉴共荣的精彩记录。

戴鹤轩博士 Dr. Franz Decker
华晨宝马汽车有限公司总裁兼首席执行官

目录 CONTENTS

Ⅲ
- 序言 —— Ⅲ
- 前言 —— Ⅴ

1
001
独立思考，创造不可思议的时代：
"华彩辉耀典藏版"7系创新设计案例

2
024
2019－2021
"非遗保护创新基地"项目成果

- 符林早 X 黎族织锦 —— 026
- 冯增超 X 海南东坡笠 —— 046
- 黄翠花 X 黎族织锦 —— 060
- 黄丽琼 X 黎族织锦 —— 074
- 吴名驹 X 海南椰雕 —— 088
- 陈焕升 X 琥珀雕刻 —— 104
- 冯月婷 X 松花石砚 —— 122
- 石 岩 X 传统锡雕 —— 138
- 万 翔 X 楚地斫琴 —— 154
- 杨 帆 X 阜新玛瑙雕 —— 168
- 邹传志 X 楚式漆器髹饰 —— 186

3　204
非遗文化基因

田　静 X 建水紫陶　　206
邰立平 X 凤翔木版年画　222
刘红生 X 河南钧瓷　　236
闫克元 X 龙江龙舞道具　248
申　彬 X 釉下五彩瓷　256

4　268
非遗守正创新

成新湘 X 湘绣　　　　270
刘嘉豪 X 铜官陶瓷　　284
吴灵姝 X 南通蓝印花布　296
徐克双 X 湘西竹编　　306
肖正清 X 会同竹艺　　314
张　斌 X 色釉瓷　　　322

5　330
非遗品牌叙事

刘钟萍 X 佛山木版年画　332
易　华 X 湘西苗绣　　348
钟星琳 X 滩头木版年画　362

6　374
非遗产业化探索

白　卡 X 青海藏糖　　376
何国良 X 北川羌绣　　386
牛义贵 X 古羌茶艺　　396
王小琴 X 宁强羌绣　　410

420

附录 X 经历　　420
附录 X 成果　　422
后记　　　　　426

与宝马集团设计高级副总裁霍伊顿克先生进行交流

前往慕尼黑宝马集团总部与宝马全球定制部门做交流

独立思考，创造不可思议的时代：『华彩辉耀典藏版』7系设计案例

融合传世工艺，在2019年国庆前夕推出了『华彩辉耀典藏版』7系，成就内蕴和谐的东方奢华，以此华彩之作，向世界呈现中国美学与中国智慧。

2019年，BMW联合清华美院推出"华彩辉耀典藏版"7系，此次合作项目以现代设计理念为主导，结合非遗项目实施完成，历时一年。设计团队由时任清华大学美术学院院长鲁晓波教授亲自挂帅，负责总体决策和方向的把握，工业设计系教授张雷带领由博士和硕士研究生组成的设计团队负责具体设计实施。

项目开展初期，设计团队先后前往苏州、杭州、景德镇等地走访匠人和工坊，对非遗项目和中国传统手工艺，进行了长达三个多月的实地考察调研，从众多的门类中选择符合设计和实施要求的种类和匠人。之后又前往德国慕尼黑宝马集团总部，与宝马全球定制部门的设计师和专家团队针对实施工艺和设计进行交流，其间还出席了宝马"NEXT GEN"全球发布会，并与宝马集团设计高级副总裁阿德里安·范·霍伊顿克先生就该项目交换了意见。

整体项目实施过程充满了创意和挑战，正像鲁晓波教授所说："艺术设计之'奢华'，并非各种珍稀昂贵材料、繁复形态、华丽色彩、密集型劳作的堆砌；思想性、意境、品味和技艺融于一体，才是东方审美的最高境界。"

张雷教授也表示："本着超以象外、大美至简的设计原则，设计所要达到的最终目标是'和谐'，是'雅致'，绝不是大红大紫。不同传统手工艺相互之间的和谐、造型语言的和谐、材料的和谐、质感的和谐、颜色的和谐……这一切都需要设计师去把握，以至臻之艺，融合现代设计思维与中国传统美学，取稀世之材，施鬼斧之工，秉持超然物外的意境和形式法则，合璧中西，彰显极致可能。"

中国传统空间设计讲究格局,这款车的内部空间设计借鉴了传统的中轴式布局。

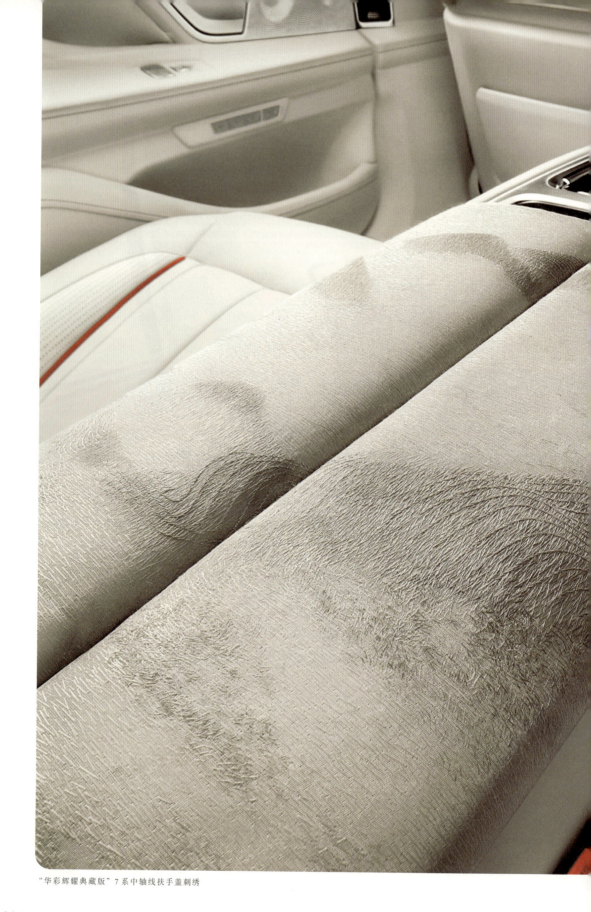

"华彩辉耀典藏版"7系中轴线扶手盖刺绣

刺　绣

中轴线扶手盖采用苏绣工艺，以缂丝材质代替原先的真皮材质。材料的寻找过程本身就充满传奇色彩。设计团队深入一个苏州商家的库房，在库房中发现了一块手工织造的缂丝材料，长 4.5 米、宽 0.4 米，是三十多年前在中国制造的，后来又由苏州商人从海外购回，颜色和质感均与设计要求完全符合。

正像负责苏绣图案设计和项目协调工作的工业设计系博士李婧雯同学所说："天赐机缘成就了这项设计。"她先后五次前往苏州，并与 BMW Designworks 的设计总监 Annette 女士一起共同选择了苏绣艺人。非常巧合的是完成此项工艺的姚兰女士不但是苏绣非遗传承人，还是清华美院的硕士毕业生，是一位集现代设计思想和中国顶级手工技艺于一身的才女。

经过设计团队与其长达一个月的设计交流，最终决定从四千余种彩色丝线中甄选出四种色差微妙的灰色丝线进行刺绣，以不同针法营造出古朴典雅的明暗对比，经层层渲染而成的山水图景与车内整体色调呼应，呈现出大象无形的东方意境。

大　漆

"华彩辉耀典藏版"7系内饰中轴线及车门饰板、扶手箱内部,均使用传统大漆工艺,古老的天然漆料为内饰带来平滑、细腻的全新触感。创造性的工艺技法一改大漆暗沉之色,反复调试,最终成功打造出别具一格的浅色曼妙云纹,使漆板与车内氛围更为融合。完成此项工作的是清华美院杨佩璋老师。为了达到设计的最终要求,杨佩璋老师与张雷老师经过多次讨论和修改,甚至在局部细节的处理上发生过激烈的争执,但为了达成目标而通力合作,最终使传统大漆工艺与现代设计思想完美地融合在一起。

"华彩辉耀典藏版"7系内饰

螺钿

螺钿是中国传统镶嵌艺术的瑰宝,"华彩辉耀典藏版"7系前、后扶手箱内以螺钿工艺分别打造宝瓶、法螺纹样。甄选天然贝母精心磨制、拼贴,使螺钿从不同角度观看,皆能闪耀流光溢彩,绚丽非常,此项工艺也由杨佩璋老师完成。每一次开启扶手箱,皆能感受传统美学带来的盎然禅意。负责此项设计的工业系研究生王国强同学事后感叹地说:"任何微小的线型变化都决定着整体图案的成败,加之手工制作,更是弥足珍贵!"

"华彩辉耀典藏版" 7系内饰

霁蓝瓷

由霁蓝瓷装饰而成的 BMW 品牌标志,时刻彰显精密、严谨的风范。七十二道工序考究且严苛,而釉在高温下的流动性使每一次烧制都充满未知,设计团队的安鑫和霁蓝瓷的制作匠人张斌女士一起历经无数次繁复计算和尝试,终于获得色泽、尺寸、曲度皆精妙匹配的珍贵成品,饰于车身,焕发如宝石般璀璨的上品光泽。

"华彩辉耀典藏版" 7 系品牌标志

降真香

"华彩辉耀典藏版"7系车顶扶手

"华彩辉耀典藏版"7系车顶扶手由降真香精制而成。作为历经三百年自然凝结而成的珍稀材质,降真香内含天然油脂,结构细密,恬然香气经久不散,扶握之间,幽香四溢,于细节处彰显传世气韵。完成此项工艺的是清华美院工业设计系高级技师张大庆和李京城,他们严谨的工作态度和高超的技艺博得了BMW专家团队的一致肯定。他们表示:"清华美院作为中国顶级设计院校,不但有一流的教授,还有一流的高级技师,这和德国的几所著名设计院校非常相似。"负责此项工作的工业系研究生杨旭同学钦佩地说:"我真为系里有这样的好师傅而感到自豪!"

特调中国红外漆

"华彩辉耀典藏版"7系外漆

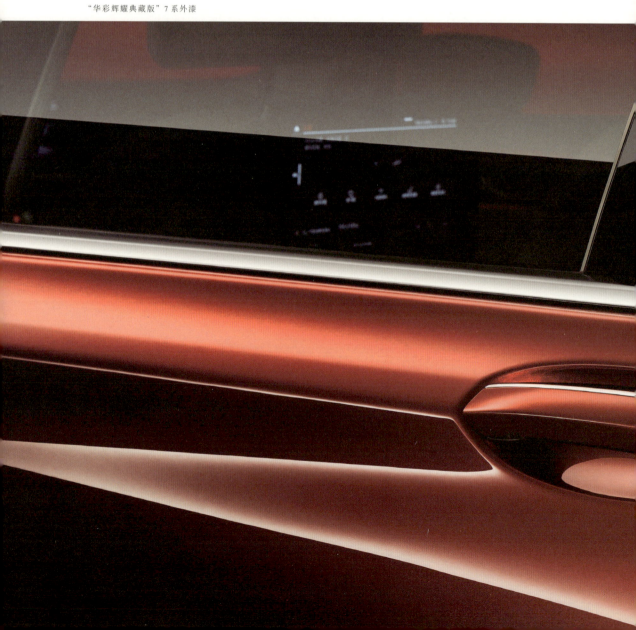

全世界都认为中国人最懂得红颜色,红色是凝聚华夏血液的东方之色,同时也是"华彩辉耀典藏版"7系外观浓墨重彩的一笔。车身色彩的设计灵感取自霁红釉,此釉色红如宝石,烧制工艺复杂且传世稀少。设计团队为了达到设计目标:受光部分亮得饱满、背光部分暗得深邃,即使在细微的光线变化之下,也能产生摄人心魄的光彩。张雷教授经过与 BMW Designworks 的设计总监 Annette 女士商议,最终确定了这款经过无数次匠心调制而成的红釉色外漆,色泽沉稳华贵,光影流转间,呈现出卓然而立、浓而不艳的东方韵味。经过长达三周的调配和实验,让这款漆有了灵魂。负责此项工作的工业系研究生薄彤光同学感叹:"经过这个项目才真正知道设计实践在学习设计中的重要性,烧制这个红色外漆的过程,使我深深地感受到成为一名合格的设计师有多难,设计越到后面越难做,要想出彩更难!"

"华彩辉耀典藏版" 7 系车内座椅

车座图案虽皆以手工完成，工艺却不尽相同。安全带采用了乱针技法，以确保图案的灵动和精美。座椅靠背上全新设计的远山纹样由有序排列的孔组成。经过反复的实验和调整，孔的大小、疏密和节奏变化达到了最佳的平衡，图案与车内饰浑然一体。

负责此项工作的李婧雯同学曾先后多次前往座椅制作工坊，与设计师兼工匠的韩乐和林铮先生沟通，设计团队先后进行了六次设计方案修改，最终完成了设计。后排脚踏的制作是在学院内的织绣工坊完成的，工业系学生薄彤光虽然是男生，但研究起刺绣来也是一丝不苟，他与织绣工坊的龚雪欧老师一起研究针法，一遍一遍地实验，最终用机绣模仿手绣的针法在红色皮革上完成了设计。

车内座椅

最后,车身C柱上作为主视觉的龙形玉饰纹样,正是象征圆满的点睛之笔。负责此项设计的李婧雯同学与合作伙伴一起,多次前往博物馆研究考察,最终从汉代螭龙玉环找到灵感,完成设计,其寓意是:天地之间,志存高远,如龙腾四海,自由驾驭。

"华彩辉耀典藏版"7系后排脚踏

"华彩辉耀典藏版"7系内饰

纵观全局，每一处设计都用尽心思，每一道工艺都闪耀光华，而让这一切完美融合的，正是中国文化的核心——和谐之道。

整个设计的过程得到了 BMW 中国团队和 BMW Designworks 的大力支持。这一国际合作设计项目不但是科学和艺术的融合，更彰显了在深厚的中国传统文化底蕴环境下成长的中国设计师对现代设计的理解和表达。

"华彩辉耀典藏版" 7系外观

采访实录

本篇采访稿采访对象为宝马集团大中华区总裁兼首席执行官高乐先生

作为一家德国车企，BMW 为什么会做一款融汇多项中国传统文化的特别版车型？
为什么会选择 7 系这样一款旗舰豪华车型来进行呈现？

BMW 相信，卓越的企业不应只关注业绩与盈利，而应更多地"联结"利益相关方，共同解决切实的社会问题，贡献于本地社区。

对于文化多样性的尊重：世界和而不同，文化多元而共生。对于文化的差异性、多元性的尊重早已融汇于 BMW 的基因。我们也相信只有敬畏历史、重视保护，才能更好地珍视当下。

这款特别车型的产出也是文化共通性的体现：

中西文化的共通性："华彩辉耀典藏版"7 系是东西方文化互融共生的典型代表，是 BMW 向中国文化致敬的一种独特方式。我们选取西方工业设计之长，结合中国传统技艺之美，在"东西方文化融合"这一理念上展现了新的理解和诠释，同时也证明，东西方文化是可以在同一产品上和谐共生的。

BMW 百年造车工艺与中国非遗文化技艺的共通性：

这几年，通过我们的"BMW 中国文化之旅"项目，我也探访、关注到很多非遗传承人。这些传承人对待非遗文化及技艺的态度，恰如我们为客户制造每一台具有卓越独特性和品质汽车过程中，所体现的精益求精的匠心精神。

"华彩辉耀典藏版"7 系将中国源远流长的传统文化和工艺与百年 BMW 的造车精神完美融合，展现了我们对于现代豪华以及东方审美的极品味和追求。

BMW 7 系作为我们内外兼修、成就磅礴风范的旗舰产品，我们相信它是呈现中国传统文化之美，展现天人合一、自成格局的最好载体。

此外，BMW 所倡导的是面向未来的豪华，而中国客户对于豪华的个性化需求也日益增长。BMW 是首个在中国提供完全定制服务的豪华汽车品牌。"华彩辉耀典藏版"7 系，作为 BMW 完全定制的典范之作，是中华文化的感性呈现，还是对中国客户高端定制需求的极致表达。

为什么会选择清华大学美术学院作为此次特别车型的合作方？

坚实的合作基础：多年来，我们与清华大学美术学院一直有良好的合作关系。2016年，我们与清华大学美术学院共同建立了"清华美院— BMW 非遗保护创新基地"，六年以来，我们硕果累累。

携手探索：从 2016 年，"BMW 中国文化之旅"与清华大学美术学院开启对非遗传承人"授人以渔"的赋能模式；到 2019 年，创新基地合作模式升级，以"做中学"的模式，带领、帮助非遗传承人设计并开发具有市场需求的非遗文创品，我们为创新基地给非遗传承人以及非遗保护带来的开创性、引领行业的杰出贡献，感到骄傲与自豪。

硕果累累：六年合作期间，创新基地已经以社会创新思维和社会协作模式深化赋能近五十位非遗传承人，成功举办六场社会创新成果展览，以及超过二十场企业高管讲座和创意工作营。同时，我们也发布了共同的赋能成果——海南、辽宁及湖北非遗文创品；云南非遗文创品预计将于 2022 年发布。

共同的愿景与初心：记得在创新基地成立之初，我们与鲁院长有个约定：BMW 与清华美院，作为各自领域的领先者与创新者，我们要强强联合，做一些前人未做之事，做一些有利于文化传承的事情。而现在，我们已经圆满地实现了我们的约定与初心，正共同向一个更顺应大环境趋势、更贴切市场所需的方向前进。

我们共同设计的"华彩辉耀典藏版"7 系，其影响已经远远超出一辆车的意义，目前在设计界、学术界、非遗保护领域产生了巨大的社会影响。我们一致认为，这就是一件前人未做之事。

采访实录

如今各大品牌都在讨论"国际化"和"本土化"战略,"华彩辉耀典藏版"7 系可以看作 BMW"本土化"战略的产物吗?

宝马集团在中国秉持"家在中国"的理念,持续为社会、客户及行业的多维发展创造价值,推动共同发展。与其说"华彩辉耀典藏版"7 系是"本土化"战略的产物,不如说它是一个"本土化"探索成功后,水到渠成的成果。

宝马集团在中国作为社会需求的贡献者、本地社区的联结者、创新践行企业责任的引领者,发挥核心优势并广泛带动利益相关方参与,创造共享价值。

我们在不断探索前进的过程中意识到,一个品牌要扎根本土,必须深入了解本土消费者的历史、文化,而用本土文化去联结消费者、利益相关方及本土社会,这是最有效且最有意义的。所以我们以中国传统文化为切入点,在 2007 年发起了"BMW 中国文化之旅",聚焦中国传统文化保护。

通过对中国传统文化的深入了解,我们也得以将企业社会责任所得到的成果以及洞察应用在核心业务中。并且,我们还嫁接了"清华大学美术学院"这一行业顶尖的利益相关方,随着合作的深入,我们完美融合了彼此的核心优势,由此产出了这个向中国市场、中国文化以及中国传统技艺表示理解尊重的成果。

"华彩辉耀典藏版"7 系不仅以一种特殊的角度凸显出当代中国的时代精神,更是 BMW 倾听中国消费者、读懂消费者的一个典型代表作。

"华彩辉耀典藏版" 7系外观

采访实录

"BMW 中国文化之旅"针对中国传统文化保护和传承领域持续深耕了十六年之久，很少有企业能坚持十多年的时间去做同一件事情。在您看来，"BMW 中国文化之旅"可以持续开展多年的关键因素有哪些？

"BMW 中国文化之旅"持续开展十六年也是我们极其引以为豪的一件事情，我认为主要有以下三个原因：

长期开展并持续创新，创造了 BMW 独有的模式：

2016 年，"清华美院— BMW 非遗保护创新基地"成立，每年遴选探访地传承人进行培训。2019 年，创新基地合作模式升级，通过一对一"做中学"的模式，创新孵化具有市场需求的非遗文创品。2022 年，我们将进一步升级我们的合作模式，希望可以持续为中国社会创造更多价值。

以独特的方式贡献企业及品牌形象：

"BMW 中国文化之旅"积极联结利益相关方，充分调动社会资源，不仅为解决社会问题提供了极大的帮助，而且在长期持续创新性地保护中国传统文化的过程中，有效地提升了企业声誉及品牌美誉度，搭建了我们与中国客户沟通的独特桥梁。

搭建非遗保护的可持续性公益平台，创造共享价值：

"BMW 中国文化之旅"以创造共享价值为目标，提供系统化解决问题的方式，而不是一次性的支持。项目针对清晰且重要的社会议题，以系统化的思维方式，通过对非遗传承人进行培训、非遗创新转化以及"文化＋旅游"等方式，让非遗能够嵌入到现代化体系中。

2022年是中德建交五十周年。"华彩辉耀典藏版"7系是否可以看作中德文化交融的产物？BMW在文化交融促进方面未来有何规划？

"华彩辉耀典藏版"7系可以看作中德文化互融共生的典型代表。德国在工业设计领域一直处在世界领先地位，大家从BMW车型的完美比例、流畅线条中就可以感受到工业设计之美，而中国的传统技艺大多有一个非常"惊艳"的共同点，那就是"极致"。历时十二个月研发的"华彩辉耀典藏版"7系汇聚多种顶尖传统工艺，可谓是融贯古今、中西合璧的"极致"表达。

更是BMW对中国文化的理解和致敬：作为一款"超以象外，大美至简"的艺术车，这款车集合了中国霁蓝瓷、刺绣、大漆、螺钿等传统文化和工艺，是传承中见创新，是现代工业产品与东方传统文化元素的完美结合。

作为一家德国企业，2007年我们发起"BMW中国文化之旅"，希望可以借助我们的绵薄之力，助力对中国优秀传统文化的传承和保护。2022年，值此中德建交五十周年之际，我们也希望通过我们的努力，继续促进中德文化交往、交流、交融。此次《大美中国：非遗保护创意创新案例集》的发布就是我们对中德建交五十年的献礼之一。

2022年，我们将继续升级与清华美院的合作，共同携手为文化保护、传承及交融，提供创新解决方案。同时，"BMW中国文化之旅"也将通过探访活动、社会创新成果展等进一步促进多样文化的交流。

未来，我们将继续利用自有的品牌优势，通过社会协作的方式，为文化保护和发展贡献自己的力量。在BWM，我们相信：一个真正负责任、可持续发展的企业不应只是追求利润，而应该有更高的目标——让世界变得更美好。

2019—2021「非遗保护创新基地」项目成果

符林早 × 黎族传统纺染织绣技艺

符林早
FU LIN ZAO

× 黎族织锦

黎族妇女利用棉、麻等天然纤维制作衣物和其他生活用品所使用的传统手工技艺。

工艺介绍

黎族传统纺染织绣技艺（简称：黎锦技艺）是黎族妇女利用棉、麻等天然纤维制作衣物和其他生活用品所使用的传统手工技艺，包括用手捻纺锤、单锭脚踏纺车纺纱，用植物染料等对纱线或面料进行染色和整理加工，用踞腰织机织造，用色线在面料上刺绣装饰图案等重要工艺环节。

黎锦技艺在黎族妇女中世代相传，以"絣染""双面绣""夹牵绣"和单面织、双面织等腰机提花织锦最具特色，黎锦上面的主体图案是氏族标识符号，也是区别黎族哈、杞、美孚、润、赛五大方言的重要标志。黎锦技艺以其重要的历史、科学和艺术价值，在中国棉纺织业发展史上占有重要地位。采用黎锦技艺制作的织物用品是黎族文化的重要载体，被认为是珍贵的非物质文化遗产。

"清华美院-BMW非遗保护创新基地"
黎锦项目组作品《和·合》（靠垫）

传承人简介

符林早

2019 年"清华美院— BMW 非遗保护创新基地"项目传承人

- 非物质文化遗产项目"黎族传统纺染织绣技艺"代表性传承人
- 海南省劳动模范
- 2021"中国非遗年度人物"提名候选人

原东方市广坝乡报白村人,擅长编织美孚方言黎族图案,对东方哈方言和杞方言的黎锦编织图案亦有研究。在绊染图案上,不断融入新元素,既师承传统,又不断创新和尝试,作品风格自成一派。

"清华美院—BMW非遗保护创新基地"黎锦项目组作品《和·合》（装置）

「符老师对她本民族文化的理解和认知是站在高处、想在深处的,她掌握的带有自己民族文化基因的纹样都是很经典的,是精湛的技艺展示出来的最原汁原味的东西。」

采访实录

本篇采访稿采访对象为符林早的项目导师王悦教授

您对符林早老师的印象是怎样的？

2019年6月，我跟随BMW项目组到海南调研，第一次见到了黎锦传承人符林早老师。符老师的独特之处在于她是一位具有艺术气质的传承人，一位真正的艺术家。所有的符号和纹样都在她的脑子里，虽然她没有接受过专业的美术训练，但她织锦时完全不用打底稿，布面的构图、色彩、纹样之间的关系等都让我眼前一亮。我特别喜欢符老师的作品，这不单单是指她本人的织锦技艺，而是透过她的织锦让我感受到了黎族美孚方言区延续传承的文化。跟其他传承人相比，符老师并没有从事过多商业化的项目，而是更多地专注于对本民族文化的传承和技艺的探索。

符老师普通话讲得一般，刚开始在美院上课的时候确实存在一定的困难，但课后，我的团队与符老师进行了几次单独交流，符老师与我们通过绘画、图纸的方式清晰地传达了她工艺的思路，沟通逐渐顺

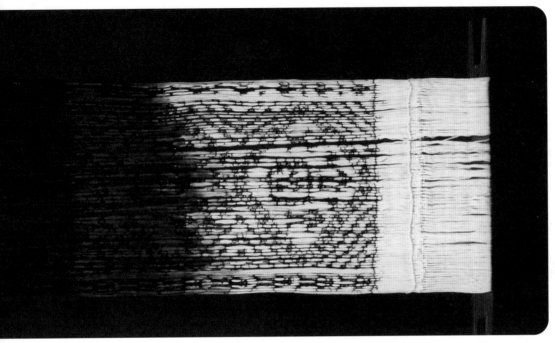

"清华美院—BMW非遗保护创新基地"黎锦项目组作品《和·合》(装置)

畅了起来。随着沟通次数的增加，我发现她是一位十分认真守信的传承人。后期作品制作与推进阶段正是在疫情期间，项目团队成员以及符老师和她的子女共同组建了一个微信群，大家主要在线上沟通。每一次视频会议，符老师都会换上传统的民族服饰，穿上筒裙，带好头饰，让她的儿子调好摄像头，端坐在椅子上。还记得第一次视频会，符老师竟然就拿出了我们在北京构思的三块布，不到三个月她就已经全部完工，可见她整个过年的阶段都在做这件事。虽然符老师表达得很少，但她一定是推掉了很多工作才能在这么短的时间内完成。她经常会给我们一些意想不到的灵感，有时候会突然想到把家里的工具、以前做的布料和小样给我们看。她的儿子也会协助她把一些工具和织好的布料寄给我们，我也将一些能够激发她灵感的样品寄往海南。符老师对这个项目、对这件事情百分之百投入的状态，让我更加坚定了努力做好作品的决心，与符老师的合作比我想象中要顺利得多。

采访实录

符林早 × 黎族传统纺染织绣技艺

这次"清华美院-BMW非遗保护创新基地"项目对您来说有什么收获?

在海南调研时,我印象最深的就是䋈织工艺过程的美,这些工艺过程中材料的状态甚至比成品还美,这给了我很多创作灵感,所以我想把这些过程展现给消费者和大众,从而让大众通过作品更多地了解䋈染技艺的精妙过程,并将这个过程推广出去,达到文化传承的目的。这次的合作让我深深地感受到中国传统工艺中蕴藏着我们的文化根基,要守住自己文化的根,这也成为中国当代设计从业者的使命。

此次BMW非遗项目是组织传承人到专业院校学习,开拓他们的视野,引导他们构建与时代的联结,这个方向非常可贵。因为我并不希望符老师来学习之后,从此就只以我们交给她的当代审美方式创作新的纹样,而把传统的纹样丢掉了。符老师对她本民族文化的理解和认知是站在高处、想在深处的,她掌握的带有自己民族文化基因的纹样都是很经典的,是精湛的技艺展示出来的最原汁原味的东西。同时符老师也是开明的,她基于对技艺的了解,清晰地知道哪些工艺环节可以创新。我认为像符老师这个级别的传承人需要坚守她的技艺与文化,通过类似的项目对接到设计平台,经过设计师的转化变成当代的艺术或是日用产品,我想这就是信息时代,对传统多元化表达的方式之一吧。

您与符林早老师创作的作品《和·合》是出于怎样的想法?

我们最初的灵感是做BMW车旅相关主题,创作体现85后青年人特色的车旅产品,比如:鞋子、照相机带。但随着对技艺的了解,我们看到了技艺本身的价值,所以最后做了两个部分,一个部分是装置艺术作品,它展现了整个䋈染技术的核心过程,将原本依次叠加的工艺进行延展,重新观察传统的秩序,探索事物发展不断迭代演化的内在动力,表现出扎经染色、织造过程中的美。另一个部分是以黎锦为核心的产品设计转化,将东方与西方、质朴与华丽相叠加,在技艺、视觉、观念、思维等方面,呈现出传统与现代碰撞的无限可能,在文化、艺术和生活日用中延伸工艺的价值,体现了"天人合一、和而不同、和谐共生"的设计理念。

"清华美院—BMW 非遗保护创新基地"黎锦项目组作品《和·合》(装置)

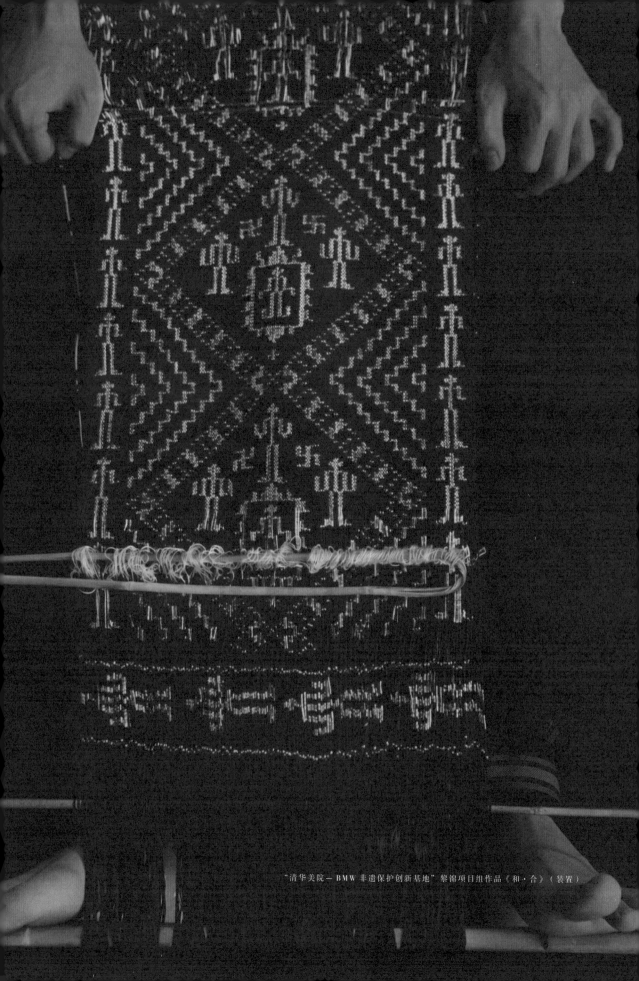

"清华美院－BMW 非遗保护创新基地"黎锦项目组作品《和·合》（装置）

采访实录

项目作品基于传统技艺又做了哪些创新突破？

首先，我们注意到传统绬染是蓝白色调，此次尝试多色绬染效果。经过与符老师的讨论，大家决定先将白色纱线替换成彩色或渐变色纱线，再去绬扎花纹、染色。在实践过程中我发现，符老师很清楚应该选择哪些颜色，这些色彩该怎么搭配，我们只需要给她提供一些她没想过的灵感，请她按照自己的感觉去实践，最后呈现出来的一定是舒适的效果。也就是说，我们改变了传统绬染纯白的底色，传统的白色花纹就可以是任意颜色。其次，在肌理变化方面，我们在棉线的基础上加入了金属线，使局部产生金色效果；在成品黎锦的基础上，邀请了广绣传承人劳惠然老师，在符老师织造的面料上进行几何图案的珠绣装饰，通过大量的草图和小样反复推敲、探索两项非遗技艺结合的路径。整体看来，我们不仅改变了朴素的蓝白色调，也融入了更多时尚元素，朝着混搭、多元的概念去做。

"清华美院－BMW非遗保护创新基地"黎锦项目组作品《和·合》（靠垫）

"清华美院—BMW 非遗保护创新基地"黎锦项目组作品《和·合》(靠垫)

采访实录

符林早 × 黎族传统纺染织绣技艺

在项目完成后,您对于非遗传统技艺又有了什么新的理解与想法吗?

我认为在非遗技艺的活化过程中,不能只靠传承人去做大量的产品,然后再自己找渠道销售,这对他们来说是很困难的。也有商业发展很好的传承人,但他们又没有足够的时间精力投入工艺的改进。传统手工艺走进当代生活,我个人认为最直接的方式就是商业品牌的介入,品牌设计师与传承人合作,根据品牌的定位和市场需求,将非遗元素有效地应用到品牌及产品系列中,成熟的商业模式嫁接成熟的传统工艺必然会碰撞出火花,这比传承人个体做商业,或是商业品牌再研究传统技艺都更有优势。

其实,这些非遗技艺之所以能够传承至今,一定是因为它们曾经在某个历史时期的辉煌,由此成为人们生活的一部分并被慢慢传下来的。只是随着时代的变迁、人们生活方式的改变,这些传统手工艺逐渐不再是生活必需品,而成为一种文化符号和记忆。这些原汁原味的技艺来自我们成长的环境,大家从小耳濡目染却又忽视了它们的存在,然而这些技艺本身就能够引起我们内心的共鸣。当下我们应该朝着90后、00后的目标客群考虑,思考如何通过非遗技艺吸引年轻人了解传统文化,可能就是一件带有黎锦符号的T恤衫,让你突然发现原来传统的工艺这么美,就差这样一个打动的瞬间,需要用当下的思考把过去的东西带到现在。

传承人的技艺都是非常精湛的,但也是因为这份对技艺的执着,使我们无法撼动他们守护的技艺。多数传承人认为不管怎么动,都是对传统技艺的破坏,但恰恰是这种动,成为传统工艺融入当代的可能性。我曾经提出一个"设计为先"的概念,就是要从产品设计的角度,根据市场定位和需求有效地导入传统工艺,根据设计的需要,使用一个、两个或者混合多种技艺,加上现代的技术演绎出具有中国特色的当代产品。我认为最新的材料和技术可以融入进来,降低产品成本,让非遗元素被更多的人认识和了解,即使不是纯手工产品,同样也能起到对传统工艺和文化的推广作用。

通过合作,我也更加坚定,个人未来的设计也会沿着这个寻根的方向走下去,也可能会遇到更多像符老师这样坚守传统工艺的传承人,和他们展开合作,把更多传统元素融入当代设计,能够让这些传统的技艺传承发展,特别是在纺织服装领域。我已经在做这样的尝试,也希望以后能有更多的机会,接触更多的艺术家、传承人,作出更多带有中国传统的文化、记忆的设计。

"清华美院 — BMW 非遗保护创新基地" 黎锦项目组作品《和·合》（家具）

"清华美院—BMW非遗保护创新基地"黎锦项目组作品《和·合》（家具）

导师点评

导师·王悦

- 2019年"清华美院 – BMW非遗保护创新基地"黎族传统纺染织绣技艺（符林早）项目组导师
- 清华大学美术学院染织服装艺术设计系教授、博士生导师

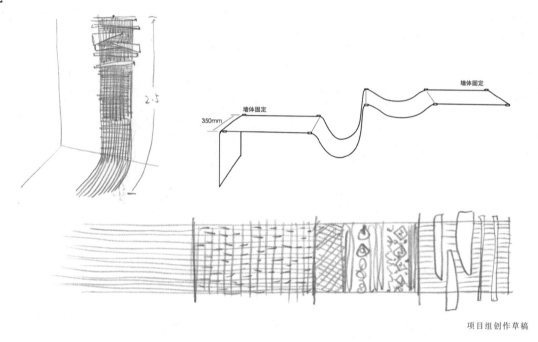

项目组创作草稿

符林早老师是海南省东方地区黎族美孚方言这支人口最少的支系内唯一一位国家级织锦传承人，她带着绊染黎锦和织锦的手艺到过广州、北京、上海，还曾登上法国巴黎的展示平台。基于清华美院与BMW共同展开的非遗保护创新合作项目，我的团队与符老师的接触、沟通与合作也从北京延续到了海南。随着关系的逐渐熟络，我们越发觉得她高超的织锦技艺，离不开她性格中温和善良、勤劳坚韧的优点。她和她的家人在村里的人缘、口碑极好，她本人也和大家族中的女性成员们保持着非常亲密的关系。农闲时，她都会在自家院子的阴凉处坐在草席上织锦，妇女们在织锦时遇到了困难，她都会去帮忙，哪家的阿姐有不会织的图案向她请教，她也乐于分享。现如今，即便是黎村，一位女性能一直保持着内心中的平静与纯粹，耐心地绊扎一个个线结，再一针一针的对花、织造，也是非常可贵的。

与符老师合作,给我和我的团队带来了很大的触动与感动,我的一名博士生将自己的选题方向聚焦于美孚方言的绑染。项目结束后,当她再次探访海南时,发现符老师将我们之前合作创作时创新的染色方法进行了实践,并且制作了一条花纹传统、色彩创新的筒裙,她说这条裙子很珍贵,要留给大女儿出嫁的时候送给她穿。今年春节她的二女儿刚刚出嫁,她以此为灵感,正创作一幅描绘"结婚场景"的全新绑染作品,这幅作品融入了在北京时我们一起讨论提出的"讲故事"的思路,用传统技艺将结婚礼俗扎成图案呈现。这让我们非常欣喜,不仅因为感受到了符老师灵活的创作思路,还因为她作为国家级传承人所具有的包容开放的创作心态。虽然她并不能用普通话表达出"叙事"这一概念,但如今她的作品中已经渗透了项目合作过程中我所期望的元素。

符老师给我们的惊喜远不止这些,她的三个女儿、一个儿媳现在全部都在跟她学习织锦。大女儿雪艳是一名大学生,目前在镇政府工作,痴迷织锦达到了每天下班要织锦、周末放假还要织锦的程度。她的儿子亚劳,独自打理了一个非遗展示的黎家小院,院里种着海岛棉、假蓝靛、落葵等纺纱、染色的原材料,他还发动家族里的男性一起用传统的方法盖起了一间茅草屋,用来展示黎族人民的智慧和生活记忆。此外,他还钻研木工工艺并跟着老爸学习制作腰织机、绕线架等纺织工具,努力不让这些手艺失传。这些便是符老师用自己的行动建立起的良好家风。我认为这个项目最期望看到的"授人以渔"的结果,符老师已经实现了。

"清华美院—BMW非遗保护创新基地"项目中的作品,展示出这个时代的新元素、新技术、新工艺等为非遗元素赋能的模式。项目组与传承人老师的实践与合作,也让我更深入地思考了"传统与经典"的含义,就像柳宗悦先生所说的那样,工艺无法脱离人类的使用,工艺之美就是实用的美,它产生于服务之心。在民间,传统手工技艺的传承与创意,拥有自己的体系与方式方法。期待未来能拥有更多的机会与平台,接触、结识更多掌握技艺的艺术家、传承人群,从而让作为染织服装设计者的我,能够在作品中将更多传统元素推向当代主流的消费群体,真正助力非遗技艺的活态传承。

导师王悦和传承人符林早正在交流创作想法

冯增超

FENG ZENG CHAO

× 海南东坡笠

东坡笠是用竹篾、藤条、芭蕉叶、葵叶、笠油等材料，经手工制作成的笠帽。

冯增超 × 海南东坡笠

工艺介绍

东坡笠是用竹篾、藤条、芭蕉叶、葵叶、笠油等材料,经手工制作成的笠帽。首先用没有节眼的白竹节破成两层竹篾,用长短不一的二百六十多片竹篾,分别编成上层和下层的笠框;再将晒干的油葵叶、芭蕉叶、油葵叶三层插铺入上、下层笠框的夹层;过程中,用竹片夹着笠框箍成圆形的笠沿,这就编成了东坡笠的雏形;其次用白藤编成下宽上尖坚挺的笠顶,并在成雏形的笠顶端细心地铺上油葵叶、芭蕉叶,再插竹片,酷似一个小金字塔;最后,涂上光油或桐油,美观大方、防漏耐用的东坡笠就做好了。东坡笠制作过程复杂,足足有五十多道工序,即使是技术好的师傅,制作一顶东坡笠也要用一天多的时间。

传统的东坡笠是遮阳挡雨的工具,其造型独特、美观轻巧、坚固耐用,一般能用十多年,甚至更久。农家耕田插秧、牧牛割草,都戴东坡笠;访亲赶集也戴东坡笠;甚至嫁女娶亲时,东坡笠也成了颇有门面的嫁妆礼品。

冯增超正在制作东坡笠

传承人简介

冯增超

2019年"清华美院—BMW非遗保护创新基地"项目传承人

- 非物质文化遗产项目"海南东坡笠制作技艺"代表性传承人

冯增超23岁跟随父亲冯辉天学习东坡笠制作，全盘继承了父辈的手艺，并在传统的技法上继续钻研，不断提高制作的速度与精美度，作品曾多次在省内外展出，并传播到东南亚的一些国家，从而拓宽了东坡笠的销售市场。

他的手艺特点是，手工将一根竹破出三百多条长为二尺、薄如纸张、宽如米粒的竹篾，还有咽篾、圮篾、押篾等，再通过五十多道工序编制成东坡笠，其圆周度、平坦度、紧密度之精细，就连机器制作都无法替代。

冯增超 × 海南东坡笠

采访实录

冯增超作品

"创新,是非遗传承生生不息的动力,让'老物件'焕发新面貌,才能使非遗之星永远闪耀。"

东坡笠的工艺流程有哪些?

这个过程太复杂了,要经过约五十道工序,需要二百六十多片竹篾以及藤条、油葵叶、芭蕉叶和笠油等材料。我一个人编一顶东坡笠要用近两天的时间,一月下来也就十多顶。

您是全手工制作的吗?

我们这边经常举办活动,大家碰面就会问我,我的工厂在哪里?有几个?有的时候节目来拍摄,记者来采访的时候也会问我这些问题,我的回答就是"没有"。"工厂"就是自己的手艺,一根根竹篾编出来的。

冯增超 × 海南东坡笠

您有没有想过在传统的基础上做些改变？

有想过，尤其是现在海南省在建设自由贸易港，我也想在东坡笠上做一些创新。比如可以改变这个帽子的颜色，或者将东坡笠变小一点。现在东坡笠还是比较宽大的，直径小一点的能让年轻人戴上好看一点。还有就是苗族和我们海南的黎族都有刺绣工艺，可以请他们在帽子上加一些装饰。

冯增超作品

051

采访实录

政府有什么政策支持吗？

近几年来党和政府对非遗工作比较重视，出台了《中华人民共和国非物质文化遗产法》《国家级非物质文化遗产保护与管理暂行办法》等。为了保护非物质文化遗产，国家也多次公布了国家级非物质文化遗产名录。现在各个行业、各个部门对非遗有了更多的重视，海南文化馆、地方政府都很支持发展非遗。我们经常参加国内外的活动，在非遗传承和非遗进校园这两个方面，我们也发挥了很大的作用。

您参加"清华美院－BMW非遗保护创新基地"最大的收获是什么？

我到清华美院学习了两个月左右。在那里，教授一对一施教，使我茅塞顿开，受益匪浅。后期教授还通过电话、微信和我保持联系，我们共同设计出很多文创作品。因为我是搞竹编的，回来后我就在思考非遗在当代要如何传承，非遗传承人要与当下的审美潮流接轨，大胆创新。创新，是非遗传承生生不息的动力，让"老物件"焕发新面貌，才能使非遗之星永远闪耀。为了传承、发扬竹编这门手艺，拓展市场，与时俱进，我刻苦钻研，改良竹编技术，创新制作手袋、花篮、花灯等适应市场需求的竹编作品。

总而言之，这次的学习开拓了我们的创作思路，通过"清华美院－BMW非遗保护创新基地"这个平台活动的推介，让更多的人知道并开始关注这项传统技艺。我们也参加了更多的展览，这些也对市场化有很大的帮助。学习回来之后，我还在文化馆成立了自己的工作室，很多人去参观学习，让这门技艺能更好地传承下去。

您觉得未来最大的挑战是什么？

在东坡笠的销路上会有一点困难。之前海口市组织直播卖货，进行网络销售，但这几年的销售量都不太理想。我们当地的政府对非遗也比较关心，组织了很多活动，情况在慢慢变好。由于东坡笠利润比较低，所以我们一直在思考如何拓宽销路。去美院学习，使我们对当地其他少数民族的技艺有了更多了解，比如黎锦的传承人，可以与她们一起合作，形成技艺互补。我之前还去过四川参加竹编技艺的进修，和手艺人们一起互相交流、互相学习。所以未来我们不仅要有规划，还要努力学习，让作品更加优秀。

"清华美院—BMW 非遗保护创新基地"
东坡笠项目组作品《浮莲》

"清华美院—BMW非遗保护创新基地"东坡篾项目组作品《浮莲》

冯增超 × 海南东坡笠

项目心得

2019年10月,为响应国家"推动中华优秀传统文化创造性转化、创新性发展"的号召,进一步助力非遗走进现代生活,将非遗与时代相结合、与市场相结合,清华大学美术学院举办了"清华美院—BMW非遗研修班",我有幸参加了这个为期两个月的研修班。

在清华美院专家老师的设计和指导下,我基于海南东坡笠竹编传统工艺,制作了一系列可自由组合、规格多变的仿生荷叶竹编灯具产品——"浮莲"。"浮莲"的设计灵感来源于自然界中浮莲的形态,在工艺上从传统编制技法出发,研究竹编制组合的更多可能性,打破了传统竹编整齐划一的状态,营造出多层次的、丰富的展示效果,并结合现代生活空间与现代审美,以错落有致的组合方式展现。作品直径10厘米至60厘米不等,以0.3厘米至0.5厘米宽的竹篾编制,用白藤绕边。叶面设计选取了平编、三角孔编、六角孔编等不同的编制手法进行疏密有致的结合,部分叶面采取镂空编制技法,确保叶面有良好透光性。整个灯具采用倒置悬挂的方式进行陈列,人们行走其中,抬头间仿佛置身于星罗棋布的夏日荷叶当中。该产品在展示及投放市场后,受到普遍的好评。

"清华美院—BMW非遗保护创新基地"东坡笠项目组作品《浮莲》

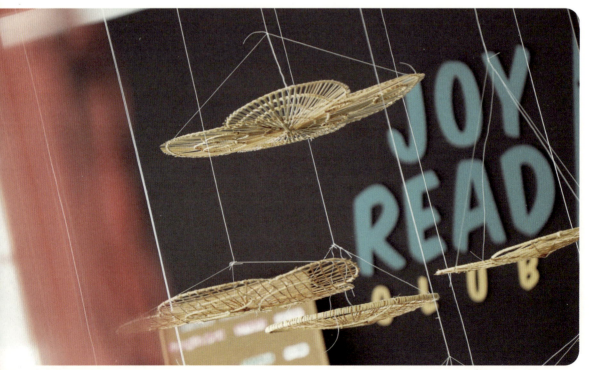

冯增超正在介绍他的作品

对于非遗项目东坡笠来说，它传统的遮阳避雨的功能正逐步减退，因此我更要在传承中创新发展，着重馈赠、休闲、时尚、纪念、展览、收藏、道具、装饰的功能拓展。例如在星级酒店大雅之堂挂上东坡笠等传统的农家用品，配上"孤舟蓑笠翁，独钓寒江雪""举头望明月，低头思故乡"的千古佳句字画，这是一种文化；靓女帅哥戴上东坡笠骑着摩托车去兜风、旅行、拍照，这是一种时尚；游人携妻带儿在农家乐租顶东坡笠，去田园里采摘瓜果或在鱼塘垂钓，体验农耕生活，这是一种乐趣；那些早年戴着东坡笠背井离乡的新加坡、马来西亚、泰国的华侨和旅居港澳的同胞，最难熬的是乡愁，叶落归根或回来寻根，往往买顶东坡笠送亲朋或挂在厅堂，抚今追昔，教育后代勿忘家乡，勿忘先辈创业的艰辛，这是新常态下的一种记忆。正因为这样，我才在花样、品种、规格上下足功夫，使东坡笠走入了千家万户。

冯增超 × 海南东坡笠

导师点评

导师·岳嵩

- 2019 年"清华美院 – BMW 非遗保护创新基地"海南东坡笠项目组导师
- 清华大学美术学院工艺美术系副教授、研究生工作组组长、硕士生导师

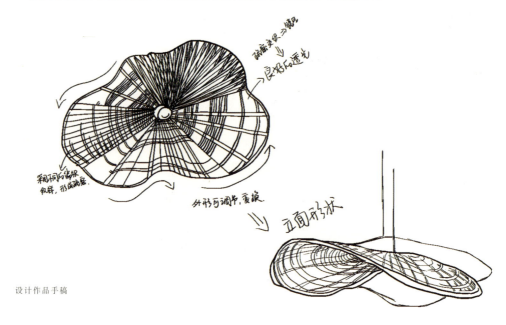

设计作品手稿

首先非常感谢 BMW 和学院能够让我作为导师参与到这次项目，希望能以此为契机，在学院与非遗行业之间建立一个长久性的学术交流平台。

在这次与传承人的接触中，我的合作对象是海南东坡笠制作技艺传承人冯增超先生，他是 2014 年海南省第三批省级非物质文化遗产代表性传承人。在本次非遗项目中，我与我的两名研究生共同与冯增超先生交流，研究生有创新的思维，传承人有精湛的技艺，这样就形成了一个有效的互动效果。我希望我们的同学能够与传承人跨界合作，实践结果也证明，这种合作方式是非常好的，这两位同学帮助非遗大师们解决了设计方面的难题；同时，我们的同学作为共同创作者，在参与项目的过程中，找到了个人的未来创作方向。让学院教学与非遗实践相结合是我在本次项目中的一次尝试，并且这个尝试已取得了不错的效果。疫情期间，我与冯增超先生除了一对一的施教之外，还通过电话、微信的形式保持联系，我们共同设计出了很多文创作品。

另外，我想提出一些对于未来项目开展的想法，希望我们学院里的老师和同学可以有机会深入传承人生活的地方去田野考察，因为对于非遗技艺来说，最重要的是文化的传承，传承是后人深入了解和挖掘文化的基础。这种田野考察的开展既可以丰富学院里的学术资源，同时又能对地方非遗文化的历史与现状做梳理工作，从而逐渐形成一个非遗保护的重要平台。其次是关于工艺美术与非遗创新的问题。以传承人冯增超先生为例，东坡笠是一种非常传统的竹编工艺，这门工艺处在被国家保护的现状中。对于这种现状，我们要做的不是永远保护，如果一直保护，那非遗的最终结果一定是走进博物馆，因此我们要帮助传承人找到或者说开辟出一条可以赖以生存的、既可以在保留传统工艺的同时又能融合时代需求的发展道路。冯增超先生对传统工艺特别感兴趣，一直在跟我探讨工艺如何去创新，然而我也提醒他，我们在研究工艺的同时，也应该寻找一下工艺的文化价值及其衍生品价值，有些门类的非遗和工艺的生存，是需要一定市场和消费群体去维持的。传统实际上是在一直改变，它自古以来都不会停留在一成不变的模式之上，所以如何让这些非遗传承人的技艺打上时代的活化特征和印记，这是非常重要的，毕竟能够让他们生活下去的技艺是需要全社会的消费群体去支持的。

总之，我是这样认为的，传统技艺和文化在技术上不需要有更多的介入，但是传承人们应该找到一种形式，从传统技艺文化的衍生价值中寻求市场的发展，或者和当代艺术理念相结合，在传统文化和技艺的基础上融入当代社会的观念，承载当下市场的消费需求。对于非遗来说，保护是前提，其核心和最终目的还是寻求适应时代需要的发展，只有如此，才能让非遗技艺摆脱被保护的"帽子"，激发自身的生命力。

导师岳嵩对传承人冯增超进行指导

黄翠花 × 黎族传统纺染织绣技艺

黄翠花

HUANG CUI HUA

× 黎族织锦

黎族妇女利用棉、麻等天然纤维制作衣物和其他生活用品所使用的传统手工技艺

黄翠花 × 黎族传统纺染织绣技艺

工艺介绍

黎族传统纺染织绣技艺（简称：黎锦技艺）是黎族妇女利用棉、麻等天然纤维制作衣物和其他生活用品所使用的传统手工技艺，包括用手捻纺锤、单锭脚踏纺车纺纱，用植物染料等对纱线或面料进行染色和整理加工，用踞腰织机织造，用色线在面料上刺绣装饰图案等重要工艺环节。

黎锦技艺在黎族妇女中世代相传，以"绊染""双面绣""夹牵绣"和单面织、双面织等腰机提花织锦最具特色，黎锦上面的主体图案是氏族标识符号，也是区别黎族哈、杞、美孚、润、赛五大方言的重要标志。黎锦技艺以其重要的历史、科学和艺术价值，在中国棉纺织业发展史上占有重要地位。采用黎锦技艺制作的织物用品是黎族文化的重要载体，被公认为是珍贵的非物质文化遗产。

黄翠花作品

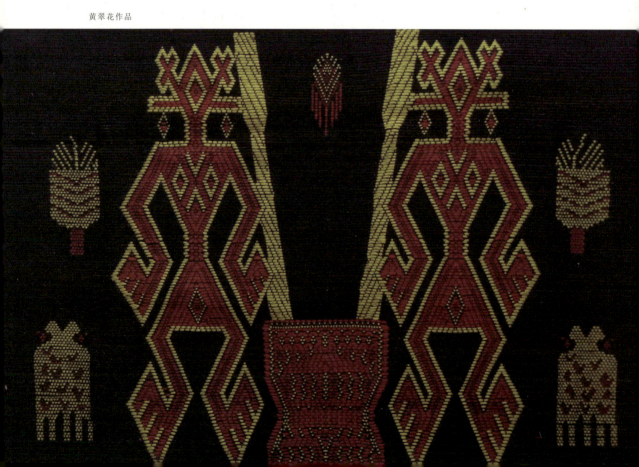

传承人简介

黄翠花

2019 年"清华美院— BMW 非遗保护创新基地"项目传承人

- 非物质文化遗产项目"黎族传统纺染织绣技艺"代表性传承人

黄翠花从 10 岁起就跟随母亲学习织锦，熟练掌握纺、染、织、绣四大技艺，各种传统及创新的图案操作技艺精湛，精通单面织、双面织、反面织及绊染、植物染色、棉花脱籽、纺线等技艺。多次参加海南省举办的黎锦技艺比赛，先后获得海南省第一届、第二届黎族织锦大赛中年组二等奖，第三届中年组一等奖。2015 年作品《黎族织锦牵手图》获第五届中国人口文化奖。2015 年 12 月，被海南省文化广电出版体育厅、省教育厅评为"黎锦技艺进校园"先进个人。2019 年 9 月被评为海南省"南海乡土人才"，同年 10 月获得海南省"其他高层次人才"称号。2020 年 2 月被列为五指山市委市政府重点联系服务专家，2021 年 11 月被五指山市人才发展局评为非遗传承人才培养"青蓝工程"名师传艺，非遗项目"春苗"行动名师两项荣誉。2013 年至今，担任五指山市黎锦技艺进校园实践课授课老师。

「在这个项目之后,我开始思考如何在守护传统工艺的同时,通过创新来传承技艺。」

"清华美院—BMW 非遗保护创新基地" 黎锦项目组作品《凤求凰》

采访实录

黄翠花 × 黎族传统纺染织绣技艺

您是从什么时候开始接触黎锦?

我从10岁开始就跟随我的母亲学习黎锦技艺,她也是非遗黎锦项目的代表性传承人,可以说是耳濡目染。受到母亲的影响,我对黎锦工艺非常着迷,就不断地学黎锦技艺。后来又有了对外交流的学习机会,慢慢地就熟练了,掌握了这项技艺。

"清华美院—BMW非遗保护创新基地"黎锦项目组作品《凤求凰》

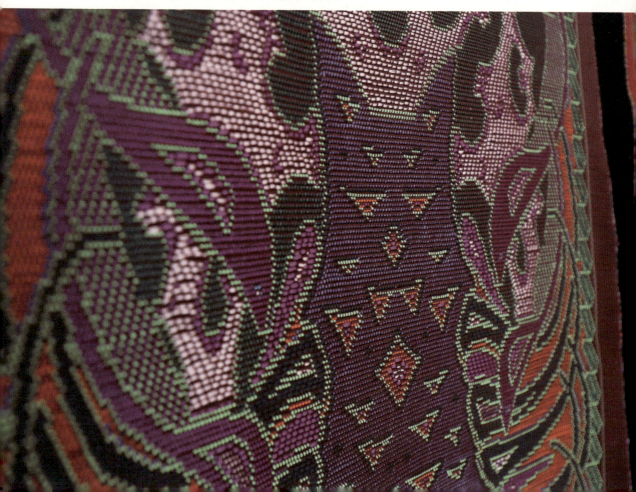

黄翠花 × 黎族传统纺染织绣技艺

黎锦的工艺流程是什么？

黎锦有纺、染、织、绣四大工艺，每一项技艺都有独特的步骤流程。首先要用棉花通过纺车和纺锤进行纺线，再用我们天然的植物进行染色，将棉线晒干之后进行织造，最后在锦缎上刺绣。

黎锦技艺有什么特点？

黎锦有非常多的特点。首先，织法很丰富，有单面织、双面织、反面织、提花织等，效果各不同。其次，黎锦的图纹非常丰富，有人形纹、动物纹、植物纹等，每种花纹的寓意都不同，比如甘工鸟，就象征着爱情。最后，织造黎锦步骤是非常多的，周期也很长，非常考验手工艺人的耐心和技巧，有时候力道稍微不够，或者是力度过猛，织出来的黎锦都会变形。

从事黎锦这么多年，您感触最深的事情是什么？

我小时候跟随母亲学习黎锦，从把图案拿到手之后，我就非常的用心，无论是白天黑夜，只要一有时间就做。有时候也会贪玩，但是回来看到母亲在做黎锦，我就会静下心来，坐在母亲身边，请她帮我做准备工作，慢慢学习。后来我就把玩耍的时间都用在做黎锦的图案上，记得有一次织锦，我不懂那种图案的格式，就一根线一根线地数，用了整整一天一夜的时间才把那个图案织完，当时非常有成就感。

您参加"清华美院－BMW 非遗保护创新基地"最大的收获是什么？

参加这个项目我收获了很多，对我的帮助非常大。在学习过程中，我接触到了不同的创作思维，开阔了眼界。在这个项目之后，我开始思考如何在守护传统工艺的同时，通过创新来传承技艺。同时希望把新的思维和理解，传播给在当地学习黎锦技艺的妇女和孩子，也把这个技艺带进校园，传给下一代。

采访实录

这门手艺的传承模式是什么?

我们黎锦原来是家族式传承,随着了解这项技艺的人越来越多,就演变为师徒传承,现在已经形成乡村培训、校园授课等很多模式。黎族的传承人基本是从小学三年级开始学习,一直到成年。有一些不是从小学习黎锦的黎族人,我们也会到校园、乡村、乡镇去培训他们,希望能把这项技艺传承给更多的人。这段时间我一直在培训,每到周末我们就会到乡镇去传授这项技艺。对于没有接触过黎锦的人,我们会用简单的图案教学,对于已经接触过黎锦的人,我们就会用复杂一点的花纹图案教学,现在有越来越多的人学习到黎锦技艺了。

您对非遗活化走入现代生活怎么看?

现在黎锦已经走入了现代生活。以前黎锦服饰只能在黎族妇女身上看到,而现在许多地区和景区的商店都能看到,在互联网上也有销售,甚至已经走上了时装演绎的舞台,可以说是家喻户晓。在庆祝我们海南黎族三月三节,还有文化和自然遗产日中,都能欣赏到精美的黎锦。

您觉得未来最大的挑战是什么?

我觉得最大的挑战是如何将黎锦产业化,形成产业链。要能够满足市场的需求,才能够有更进一步的发展。但是有挑战也有机遇,现在已经有不少的织锦专业户一起合作,在政府的支持下,共同推进黎锦产业化的形成与发展。下一步我计划把在"清华美院— BMW 非遗保护创新基地"中学到的经验,与现在黎锦的产业化情况相结合,进行深入研究,找一条特色的发展之路。

有考虑过将黎锦推向世界吗?

外国友人是非常喜欢黎锦的,他们会购买、收藏黎锦,比如黎锦床旗、黎锦服饰、黎锦包袋等。我们也会想怎么才能让黎锦走出国门,让更多的人了解黎锦。但是在拓宽销售渠道这方面,我们也比较苦恼,像是在很多图案都是用机器制作的情况下,我们用手工织的反而销路比较窄。而且织锦制作周期很长,但收益却不高,很多织锦的人为了生活不得不放弃。

"清华美院—BMW非遗保护创新基地"黎锦项目组作品《凤求凰》

黄翠花 × 黎族传统纺染织绣技艺

对于非遗的未来发展您有什么想法？

对于黎锦的保护，我有强烈的责任感和使命感。作为一名传承人，我会密切关注我们的行业动态，更深入地研究黎锦技艺。先从总结我自身的技艺经验做起，主动融入非遗创新发展，并在过程中不断更新思路。我希望能带动更多的人学习黎锦技艺，为我们黎锦的创新发展做一些实事，助力五指山市的六年建设和海南自贸港建设。

"清华美院—BMW非遗保护创新基地"
壮锦项目组作品《凤求凰》

项目心得

感谢清华美院和 BMW 给我进修学习的机会，让我在这个大家庭中不断思考、收获与成长，并且对非遗技艺有了新的见解。在学习中，我通过了解其他地方非遗技艺的文化内涵与具体工艺，深刻感受到中国文化博大精深，在技艺与技艺间的比较下，我对黎锦今后的发展有了新的思考。

以前，我纺织黎锦主要为传统的图纹、配色，型制也是如此，长此以往仿佛少了新意；在这次学习中，我接触到许多前沿的信息，了解到传统的非遗技艺也可以用较为创新的形式来表现，于是我对黎锦的审美也发生了改变。在制作结业作业时，我的指导教师给我安排的任务是完成一幅中等篇幅的黎锦织品，它线条纹路多变、配色鲜艳跳跃还耐看，视觉的冲击力深深吸引眼球，这是我第一次大胆尝试，也是突破思维的一次，让我深刻明白了传统技艺也可以大胆地融入现代化元素，这样制作出来的作品在保留传统技艺的基础上，还能够满足现代人的审美需求，进一步提升了织锦的鉴赏和实用价值。

在未来的日子里，我将积极投身黎锦非遗技艺的传承工作，但不会再以过去普遍的、传统的方式对黎锦技艺进行传习，而是将在清华美院学到的知识融入其中，更多地去思考如何进行黎锦的创新发展，带动更多人学习黎锦技艺，从而履行黎锦技艺代表性传承人的责任和义务，推进黎锦技艺创新发展。

黄翠花 × 黎族传统纺染织绣技艺

导师点评

导师·申伟

- 2019年"清华美院-BMW非遗保护创新基地"黎族传统纺染织绣技艺（黄翠花）项目组导师
- 清华大学美术学院基础教研室副教授、硕士生导师

首先应该感谢"清华美院—BMW非遗保护创新基地"、宝马（中国）汽车贸易有限公司、华晨宝马汽车有限公司、清华青岛艺术与科学创新研究院及非遗项目黎锦传承人黄翠花，是他们的携手努力，才有了这次非遗项目的丰硕成果，并为大家呈现出如此众多的传统与现代、艺术与科学相结合的艺术结晶。

黎族绣女黄翠花是海南五指山市人，是海南黎族传统纺染织绣技艺的省级代表性传承人，"清华美院—BMW非遗保护创新基地"2019年学员。她从10岁起就随母学艺，熟练掌握黎锦的纺、染、织、绣四大技艺，并精通单面织、双面织、反面织的工艺流程，是一位实干能力极强的优秀传承人代表。

导师申伟和传承人黄翠花正在对作品方案进行讨论

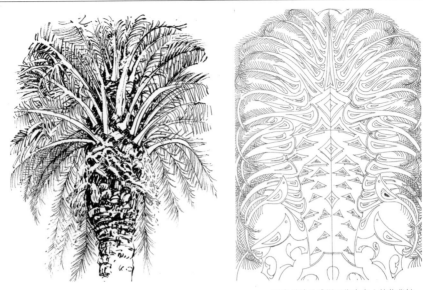

图案设计灵感源于海南本土植物葵树

黄翠花 × 黎族传统纺染织绣技艺

我是通过本项目认识并熟悉黄翠花的，她朴实、不善言辞的样子给人非常深刻的印象。项目开始时，我经历了认识深入的"三步走"。第一步，我抱着学习的心态接触并了解黎锦与黄翠花，通过交流沟通、读书与查找资料，了解黎族人民的风土人情、传统习惯，使自己在情感上接近黎族人，在此基础上进一步了解并掌握黎锦的纹样样式、风格特征、设计语言等，我深知，了解、理解才是创造的第一步。第二步，我要在织锦上、在传承人身上找出优缺点与突破口，加以继承与改进，黎锦的优势是：纹样极富民族性与装饰性、立体感性、色彩华丽等。但是受织物幅宽等物质条件制约，图案纹样显得比较小气，且反映传统文化及生活的纹样较多，反映今日海南现代化风貌的产品与纹样极少，与海南自由贸易港的地位不对等；传承人技艺精湛，但创新能力严重不足，而且文化及艺术修养缺失。认识到以上问题，我制定了双向学习、双向交流、共同创新的培养计划：我学习并基本掌握工艺特点，进行设计草图的创作，她在了解设计意图的基础上注入传统工艺与手法，从而呈现出表现新时代的产品，实现第三步的腾飞。在纹样的设计上，我结合并发挥了我研究花鸟画的成果，特别是大胆采用海南热带植物与禽鸟的特点，表达对热带环境的向往，同时在色彩上也追求强烈、热闹的视觉效果。黄翠花在制作中不失民族风貌，大胆创作出层次丰富、色彩灿烂、立体感强烈、既庄重又热烈的艺术作品。总之，我们的合作与创新是愉快的，因为双方都学到了东西，成果也是喜人的，让项目擦出了传承与创新的火花。

但这次合作也是有遗憾的，因疫情与距离等种种限制，交流受到了影响，沟通不充分、棉线的染色不丰富、配色欠准确、织锦的手法缺少变化等。这只能留有遗憾了，但如果还有继续合作的机会，我们会做得更加出色！

项目虽然告一段落，但我们的合作并没有结束：如高层次设计人员的培养、产品的升级与更新、创新与知识产权保护、小众与大众、手工与产业链之间的矛盾等，都是需要深入的问题。

愿非遗的传承硕果累累！愿传承人黄翠花用心去织出心中灿烂的彩虹！

黄丽琼 × 黎族传统纺染织绣技艺

黄丽琼

HUANG LI QIONG

× 黎族织锦

黎族妇女利用棉、麻等天然纤维制作衣物和其他生活用品所使用的传统手工技艺。

工艺介绍

黎族传统纺染织绣技艺（简称：黎锦技艺）是黎族妇女利用棉、麻等天然纤维制作衣物和其他生活用品所使用的传统手工技艺，包括用手捻纺锤、单锭脚踏纺车纺纱，用植物染料等对纱线或面料进行染色和整理加工，用踞腰织机织造，用色线在面料上刺绣装饰图案等重要工艺环节。

黎锦技艺在黎族妇女中世代相传，以"絣染""双面绣""夹牵绣"和单面织、双面织等腰机提花织锦最具特色，黎锦上面的主体图案是氏族标识符号，也是区别黎族哈、杞、美孚、润、赛五大方言的重要标志。黎锦技艺以其重要的历史、科学和艺术价值，在中国棉纺织业发展史上占有重要地位。采用黎锦技艺制作的织物用品是黎族文化的重要载体，被公认为珍贵的非物质文化遗产。

"清华美院—BMW非遗保护创新基地"黎锦项目组作品《摇篮叙事：曼陀罗》的创作过程

传承人简介

黄丽琼

2019 年"清华美院—BMW 非遗保护创新基地"项目传承人

- 非物质文化遗产项目"黎族传统纺染织绣技艺"代表性传承人
- 中国第五届民间艺术节最受欢迎民间艺术家
- 三亚市高级技工学校织锦教师
- 黎锦技艺进校园先进个人

黄丽琼自小跟随母亲学习黎锦技艺，7 岁即能织出无花纹小腰带，15 岁时熟练掌握织锦技艺，能织出几十种图案，以人纹、动物纹、植物纹为主，最具特色的是三亚婚礼图。1988 年开始在海南省民族研究所学习织锦，并教带学徒。

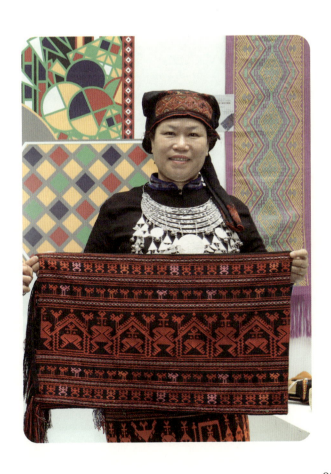

采访实录

"清华美院—BMW 非遗保护创新基地"黎锦项目组作品
《摇篮叙事:曼陀罗》(抱枕)

"黎锦的创新发展离不开我们原生态、传统的图案。现在两年多过去了,老师的话一直在我心里,我织来织去,始终觉得我们传统的图案最好看。"

您是怎么接触到黎族织锦技艺的?

我接触到这个技艺是因为从小就受大人的感染和影响。20 世纪 70 年代,我还很小的时候就看到母亲、伯母她们一大早就起来做黎锦,那时我们小孩子都很好奇,为什么线能织成花纹。开始懂事后,我们就看妈妈做黎锦,但妈妈不让我们摸,怕搞坏她们的黎锦,等再长大些,我就坚持跟妈妈说我也要学,从刚开始做一些手指大小的黎锦,到慢慢开始接触复杂一点的图案。所以说兴趣爱好是很重要的,如果对黎锦没有兴趣的话是学不了的。

也就是说,您是跟家中长辈学习的黎锦技艺,那这么多年下来,黎锦的传承模式是否有所改变?

在以前那个年代都是家族传承的,当时我们学习黎锦也没想过有什么好处,就是出于一个兴趣爱好,想为自己织一块黎锦,等结婚的时候穿。但随着时代发展,情况就不一样了,国家开始重视非遗,越来越多的人知道了黎锦技艺,现在我带过的徒弟就很多了,从 2006 年起,我就到三亚民族中学去教黎锦,到现在十多年了,这期间我一直在学校里做传承。现在当地政府很重视我们的黎锦进校园,无论是少数民族还是汉族的学生,都要去了解黎锦是怎么一回事。我目前在三亚技师学院开设的黎锦培训班里,就发现了很多好苗子。但真正能学好黎锦的人,在这些学生中也就占百分之十左右。因为并不是每个人都能理解黎锦,他们大部分人只是感兴趣,没有耐心学下来。

是什么原因导致技艺传承过程中出现这种情况的？有什么解决办法吗？

一方面是学生觉得学做黎锦难，他们会问我，为什么要学做黎锦？黎锦有什么用？我就告诉他们，黎锦技艺流传了千年，延续到我们手中，不管是黎族还是汉族，如果你们年轻人都不去学，等老师老了、走了，这门技艺不就断送了吗？另一方面是学生无法靠黎锦获得收入，但这情况现在也有所改善，主要是因为国家和政府都支持传统技艺的恢复，并且出台了相应的政策，投入资金来扶持我们的非遗发展。所以我常常跟学生说，我们一定要把这项民族技艺传下来，不然以后就真的失传了。

记得您是在 2019 年参加了"清华美院－BMW 非遗保护创新基地"项目，这对于您之后在非遗方面的工作有什么帮助吗？

有很大的帮助。我很高兴能去清华，那可是一生梦想。虽然时间只有一个月，但我感到非常难得，而且给我们上课的老师都是著名的院长、教授，所以每一节课我都会记录下来。尤其是我的导师莫老师带我设计的作品，跟我平时做的黎锦差别很大，但又没有脱离黎锦的味道，因为她采用了我们民族的经典符号图案，作品寓意非常美好。这让我对"如何创新"有了很深的感触，黎锦的创新发展离不开我们原生态的、传统的图案。现在两年多过去了，我织来织去，始终是觉得我们传统的图案最好看。

"清华美院－BMW 非遗保护创新基地"黎锦项目组作品《摇篮叙事：曼陀罗》（胸针综合装置）

"清华美院—BMW非遗保护创新基地"黎锦项目组作品《摇篮叙事:曼陀罗》(垂挂条幅)

近年来国家大力支持非遗发展，很多人提倡非遗创新，您对此有什么感悟和体会吗？

说到创新，我觉得创新的点不能错。比如我们的传统图案是非常耐看的，原因在于它是植物染棉花、纺线染出来的，颜色很简单、古朴，让人看着觉得很舒服。现在很多人用鲜艳的颜色去改变这些图案，虽然乍一看是漂亮的，但看久了就会觉得烦躁。我以前尝试过做一些文创，但销量不好，我思其原因，就是在做创新时改变了原生态的颜色和图案，那它就不是黎锦了。再者，黎锦的一些图案是有意义的，我们现在开发文创产品要符合现代社会的使用价值，但也不能把黎锦的图案随意使用，以前我们这里有个大学生创业，随便将黎锦上用作祭祀的图案放到了日常穿的衣服上，我们这些老手艺人看到后都觉得很反感，这些祭祀的图案怎么能穿在身上呢？他们不理解黎锦的图案意义就胡乱用，是非常不可取的。

未来三至五年您有什么计划吗？

我现在种了两亩地的棉花，从前几年开始我就用自己种的棉花，自己纺线，再用植物染，我想把它做成一个很特别的原生态文创产品，用在茶桌、茶几上。当我们放上一杯热茶，垫在下面的黎锦就会散发出植物的清香。未来我也想继续沿着这个想法做文创产品。

"清华美院— BMW 非遗保护创新基地"黎锦项目组作品《摇篮叙事：曼陀罗》（屏风装置）

黄丽琼 × 黎族传统纺染织绣技艺

项目心得

黄丽琼在 2019 年"BMW 中国文化之旅"海南探访中被推选成为黎族传统纺染织绣技艺项目传承人，走进"清华美院—BMW 非遗保护创新基地"。作为一名手艺人，她平日里更多的是在家中做黎锦，专注于提升自己的技艺，鲜有系统地接受工艺、美学理论知识的机会。因此这次能够来到清华，让黄丽琼感到非常难得，以至于每节课都会认真地记录下来。

让黄丽琼印象最深刻的，是莫芷老师关于如何创新黎锦技艺的观点。莫老师对黄丽琼说，你们穿的服饰都是老前辈传下来的，在做创新、改变的时候，切不能把核心的东西丢掉。黄丽琼联想起自己过去做的"黎锦文创"并没有得到很好的反响，突然间领悟了老师的话，原来黎锦的创新发展绝对不能离开原生态、传统的色彩与图案。而自己过去做的"文创"，只是为了迎合年轻人的喜好，没有过多思考就选取了一些夸张的色彩，使得最终的产品丢失了黎锦的味道。

从清华美院回来后，黄丽琼以黎锦为基础，创新设计出了多款家居文创和茶周边。她一直将莫老师的话记在心里，在黎锦创新的过程中始终不忘传统色彩与图案，让"创新产品"保留黎锦最原汁原味的样子。未来，黄丽琼也计划继续扩大生产规模，让全国，乃至全世界的人们认识黎族织锦。

"清华美院—BMW 非遗保护创新基地"
黎锦项目组作品《摇篮叙事:曼陀罗》制作过程

黄丽琼 × 黎族传统纺染织绣技艺

导师点评

导师·莫芷

- 2019年"清华美院－BMW非遗保护创新基地"黎族传统纺染织绣技艺（黄丽琼）项目组导师
- 原清华大学美术学院助理教授

一、项目情况

2020年我有幸参与了"清华美院—BMW非遗保护创新基地"项目的授课与创作。本次项目采用"一带一、做中学"的合作方式，鼓励各类形式的创新探索。我与海南黎锦传承人黄丽琼有了一个相当愉快的合作，以"摇篮叙事"为主题，创作经历了反复的打磨、更新，经过半年多的时间，共同完成了一个系列的作品，种类包括屏风、绘画、胸针、家居纺织品等六大件。

非物质文化遗产的传承与复兴十分有价值，它对于构建本土文化理念具有相当重要的作用。十九世纪英国的罗斯金、二十世纪日本的柳宗悦都曾经主持过民间手工艺的复兴运动，为传统文化在当代的复兴起到了相当重要的示范作用。今天，在全球化的背景之下，各个国家都更积极地回溯自身的文化传统，以发掘具有自己本民族特色的"现代性"，通过文化溯源为这个时代重新"赋义"，反思时代发展与生产的制度，通过身体力行的实践，以非物质文化遗产面向当代的转化来推动"文化的自觉"。

导师莫芷和传承人黄丽琼正在交流方案

黎锦衍生品抱枕，黎锦，布面综合材料，45cm×45cm×5个

在项目创作中，我们试图解答以下几个问题：

第一，讲述黎锦的故事。非遗传承人不仅要传续一种技术，同时她还要向这个时代讲述有关这个技术的故事，记录这个技术的一段历史。从事黎锦生产制作的通常是女性，这和她们的日常生活息息相关：少女时代学习黎锦织绣技术，融入家庭合作与互助关系；成年后婚嫁时穿上由家族女性共同制作的黎锦嫁衣；婚后用黎锦制作婴儿的褓褓和穿品，可以说黎锦贯穿了黎族女性的一生，是她们社会亲缘关系的纽带。黎锦上的图案形象包括人物、花草、牛马等，同时还有"大力神"、丰收、婚嫁等故事情节，这些图案经过代代相传而来，其中包含了人类对自然世界的朴素生动的观察，但更重要的是展现了一种叙事的传统。女性会将这些图案解释并教授给孩童，通过女性制作与口述的方式，黎锦成为海南黎族神话的视觉载体。因此，项目以"摇篮叙事"作为主题，在展陈时突出黎锦传承过程中女性的角色与身份，重新发掘文化传承延续的价值。

第二，对于黎锦本身，保留原汁原味的非遗手工制作工艺，不做材料上的"改良"。黎锦的制作是一个"从无到有"的完整过程，要从最初的"纺线"与"染色"开始，棉质的纺线和特殊的植物染色构成了黎锦独特的工艺质感，任何新材料的介入，都会破坏这种整体性。传承人也认为："改变了原生态的颜色和图案，就不是黎锦。"因此，我们试图找到一种"模块化"的当代协作方式，黎锦传承人在坚持原传统图案制作的基础上，经过设计，将小块黎锦绣片和其他材料形成不规则的拼接，在视觉上扩张了黎锦经纬线的秩序美感，又保留了织片自身的完整；还减少了产品中手工配件的比例，以应对大规模产品需求；同时提供了一种可持续的设计模板，通过调整不同的面料和比例，可以衍生更多形式，提供了最直接的黎锦向当代产业转化的解决方案，真正做到"授人以鱼，不如授人以渔"，解决非遗手艺人和产业线的联动合作的问题。

导师点评

第三,从黎锦文化中发掘当代符号,以拓展黎锦文化向当代平面领域的转化通道。通过大量资料调研以及和传承人的沟通,紧扣作品主题,梳理出黎锦文化中重要的具有吉祥寓意的图腾:"人纹""蛙纹""稻穗""大力神"等,并设计出胸针、图画和可应用的纹样,提高作品在当代空间场景中的适应性。在制作过程中我们发现,黎锦的编制工艺规定了图案只能以"八字对称"的形态进行变化,图案和今天视觉领域中的"像素"形成了有趣的相似性,因此利用这一"图案语法"和"基本图腾"来开展图案的创新,使其成为一种可以被创造的"黎锦图案",让非遗文化传播和流通起来,实现效益最大化。

胸针及黎锦纹样,布面综合材料,20cm×20cm×36块

二、经验与感想

非遗在当代的转化，不能沿用过去的"个体劳动"思维，或简单的产品优化，而是要从认识上进行转变，重新在产业链中找到自身的角色定位，以此来平衡个体劳动与集约化产业链协作之间的关系。综上所述，本项目试图探索出一套非遗黎锦的当代创新方法论。围绕文化选题、模块化协作、视觉传播三个角度开展，三个方面相互补充，亦有相应的转化渠道和受众群体："文化选题"重视突出非遗文化的人文价值，使得项目中的各类作品形成一个有机的整体；"模块化协作"则考虑到传承人的手工劳动成本与价值的问题，兼顾了市场因素和商业合作的问题，通过艺术设计力图降低产品的技术门槛，努力构建更健康良好的合作模式；"视觉传播"则关注作为非遗的黎锦，如何以文化的方式介入到当代社会生活中去，通过寻找黎锦和当代社会的审美趣味的结合点，找到非遗文化可以被转化的当代内容，为文化市场注入新鲜活力。

非遗黎锦的当代创新方法论

吴名驹

WU MING JU

× 海南椰雕

海南椰雕是一种以椰壳、椰木和椰棕为原料的传统雕刻艺术,主要流传于海南地区。

吴名驹 × 海南椰雕

工艺介绍

海南椰雕是一种以椰壳为原料的传统雕刻艺术,主要流传于海南地区。海南盛产椰子,产量占全国的99%以上,这种资源优势为海南椰雕艺术的产生和发展提供了得天独厚的自然条件。唐代即已出现关于海南椰雕的记载,明清时期海南椰雕被作为珍品进贡朝廷,赢得"天南贡品"之誉。20世纪中叶以来,椰雕技艺在继承传统的基础上又有了新的提高。椰雕制品种类很多,其中既有日用品,也有用于观赏的工艺品,成品上雕有精致的装饰性图案,制作技艺十分精良。在椰壳上施刻,成本低廉,可以变废为宝,体现物尽其用的原则。椰雕带有浓郁的地方特色和乡土气息,相关技艺易于普及,很适合作为家庭手工劳动项目进行推广,可增加农民的经济收入,解决社会就业问题。

椰雕制作

传承人简介

吴名驹

2019 年"清华美院—BMW 非遗保护创新基地"项目传承人

- 非物质文化遗产项目"海南椰雕技艺"代表性传承人
- 琼台师范学院雕刻课程兼职教授
- 海南省民间文艺家协会副主席
- 海南省民间艺术大师

1975 年生于海南省海口市龙华区龙桥镇。幼时热爱美术，16 岁开始学习椰雕，在实践中对椰雕技艺不断创新提高，其作品多次参加全国文博会并获奖。2000 年创建椰雕工艺公司，担任艺术总监。2009 年，加入海南省民间文艺家协会。2013 年，他创建的椰雕公司被海南省文体厅批准为非遗生产性保护示范基地。

采访实录

吴名驹椰雕作品《自律》

"我认为只靠个人的力量做产品是不够的,应该和企业、院校或者其他的平台合作,几方共同成立一个研究机构,或是共同研发创新的产品,做成一个产业链。"

请您介绍一下椰雕的历史渊源。

我是海口人,祖祖辈辈都在经营海南椰雕,我从小就开始学习这门技艺,到现在已有三十多年了。海南椰雕的发源地是在海口市的富道村。到了宋朝时期,村里面家家户户大都在做椰雕。当初,椰雕会被制作成酒器、茶具等各种生活用品。到了明清时期,随着工艺的进步,海南椰雕成为朝廷贡品,"天南贡品"名冠南北。到清末时期,椰雕器物再次成为人们日常生活中的礼品、用品。

您有没有想过在传统的基础上做些改变?

原来海南椰雕基本上是以浮雕、沉雕、镂空雕等传统雕刻手法为主,但是我觉得少了一个圆雕系列。我在研发圆雕技艺中,又增加了榫卯结构,也算是弥补了我们行业七百多年来的空白。

椰雕的历史悠久,有不同的门类。因为它以前是贡品,所以做工非常严谨,制作周期很长,价格也比较贵。再加上现代工业的冲击,到了二十世纪九十年代后期,手工椰雕逐渐没了市场。我个人认为一定要适应市场的需求,在传统的基础上有一些创新。比如可以增加一些当代雕塑的语言,也可以做一些跨界联合的设计,让更多的年轻人喜欢椰雕。

您有什么创新的案例可以分享呢?

我之前用椰壳设计了一款蓝牙音箱,这是跟生活关系比较密切的。在电子设备的外观设计上融入了椰雕元素,获得了联合国"杰出手工艺品徽章认证"。我现在也比较偏向用简单的、当代的元素去体现椰雕的美,但也不能把传统的雕刻形式丢了,还是要去寻求二者的平衡,希望能探索出传统与现代结合的作品,这可能是我以后椰雕创作的一个方向。

您参加"清华美院 – BMW 非遗保护创新基地"最大的收获是什么?

简单说有两点。第一,非常荣幸能到这么好的学校和平台学习,对我个人的意义非常重大。在学习的过程中,老师们会分享自己的创作心得,开阔我们的思路,课下我们也会慢慢地感悟和消化。不管是椰雕还是其他非遗项目,我们更多的是希望能够找出适合自身情况的发展道路,这点是比较关键的。第二,就是希望通过学校和企业,让我们传承人拥有更多的学习机会,并且定期举办这种活动,把设计出的作品集中展示,这样就可以让更多的人关注到非遗文化,我们也能更多地了解到市场需求,我很期待在这么大的舞台上互相交流、互相学习。

吴名驹椰雕作品《知足康乐》

吴名驹 ╳ 海南椰雕

采访实录

您觉得未来最大的挑战是什么?

我从事这个行业比较久了,老客户也相对比较多。收藏我的作品的,以预定和政府礼品为主。我认为只靠个人的力量做产品是不够的,应该和企业、院校或者其他的平台合作,几方共同成立一个研究机构,或是共同研发创新的产品,做成一个产业链。如果只靠个人的力量发展非遗项目,还是比较难的。虽然现在我们每天都有活干,但是利润并不高,也没有贡献出更多的社会价值。如果能建设一个传承基地,学习这种技艺的人也会更多。

您有尝试和企业、院校合作吗?

陆陆续续都有合作,有些项目也已经启动了。海南在建设自由贸易港,这是面向全世界的一个窗口。我觉得我们这种行业本身也是地域性比较强的,可以作为代表性文化来传承和传播。椰雕作为一种本土文化,可以跟旅游业相结合,制作出文创产品或者礼品。

吴名驹 × 海南椰雕

政府有什么政策支持吗？

发展非遗不能只靠政府。我觉得现在的政府已经给了很多政策和发展平台，比如目前人社厅给我们这些传承人建立了工作室。但是，我认为工作室的形式还是过于偏向个人化，发展非遗应该有团队，有一个传承基地，这才是进一步发展的目标。我们现在拥有椰雕的技术，希望有看到我们的伯乐与我们合作。

您对于非遗的未来发展有什么想法？

我认为应该研发一些新的产品，制作出更贴近生活的消费品。这些产品也会分成低、中、高三个档次，根据不同的市场定位，采取不同的销售策略。高档可以采用礼品模式和收藏模式，中低档产品会更实用一些，可以是文创和日常用品。另外，不管是海南还是其他地区，都可以尝试跨界合作去制作一些产品，我觉得这还是有一定市场的。

"清华美院－BMW 非遗保护创新基地"椰雕项目组作品《云起·潮落》

吴名驹 × 海南椰雕

吴名驹 × 海南椰雕

"清华美院—BMW非遗保护创新基地"椰雕项目组作品《云起·潮落》

吴名驹 × 海南椰雕

项目心得

从前,我的椰雕作品主要表现的是传统文化,但是我在清华美院学习这段时间中领悟和感受到了当代艺术的重要性,并尝试将椰雕艺术从传统文化形式转换为当代艺术,这个过程对我今后艺术创作的观念和做法都非常重要。

经过这次的项目参与,我对非遗创新有了新的认识和了解,主要是有三点:第一就是要走大众化路线,把产品平民化,做人人都能用得起的日用品;第二就是将非遗产品跨行业合作,转化为科技创意产品或电子产品;第三就是把传统的椰雕技法转换为当代艺术,变为精神的、美的享受,体现时代的变迁。

至于未来,当地可以以椰文化为主题,建设海南椰雕艺术馆、海南省非物质文化遗产生产性保护示范基地、国际艺术家文化交流中心、国际文玩与艺术品拍卖馆、手工艺培训机构、椰雕研究所、海南工艺美术高校研学基地,并辅助建设符合乡村文化旅游需求且包含本土特色的精品民宿、特色椰子文化餐馆,并设置现场体验椰雕区、伴手礼选购区,形成产、学、研、食、住、行、礼综合性产业链园区,充分体现出本土地域文化特色,打造世界瞩目的文化旅游休闲胜地,促进乡村文化的繁荣。

"清华美院—BMW非遗保护创新基地"椰雕项目组作品《云起·潮落》

"清华美院—BMW 非遗保护创新基地"椰雕项目组作品《云起·潮落》

导师点评

导师·王轶男

- 2019年"清华美院－BMW非遗保护创新基地"海南椰雕项目组导师
- 清华大学美术学院雕塑系副教授、硕士生导师、金属焊接实验室负责人

2019年夏，借"BMW中国文化之旅"海南非遗项目实地考察的契机，我有幸以项目负责人身份参与了"清华美院—BMW非遗保护创新基地"立项资助的"非遗传承人培育项目——海南椰雕"。回想起来，这次基于非遗项目的创新尝试，让我对非遗技艺的保护和发展有了新的认识并积累了宝贵的经验。

项目考察之初，我对于椰雕技艺的认知还停留在直观且感性的层面。实地探访的过程中，海南椰雕传承人吴名驹深入介绍了椰雕技艺悠久的历史传承，并结合地域性的风俗文化展示了他以往的作品。在对传统椰雕手工技艺深入了解的同时，也逐渐发现了古时的"天南贡品"在当下所面临的困境与问题。作为海南省最具地域特色的非遗技艺之一，海南椰雕蕴含着深厚的历史积淀和文化价值，但也因其长期沿用传统样式，缺乏先进的设计理念以及与现代社会的审美对接，导致其发展空间相对狭窄、创新活力不足，长期被固化在传统文玩收藏中的一个细分类别，发展潜力严重不足。

解决海南椰雕困境与问题的关键，在于解决创新发展和市场转化等问题。在与传承人深入沟通以后，我们制定了考察、教学和设计创作三部分的项目计划，为技艺传承和创新探索寻求新的发展模式。项目期间，与传承人基于"传统椰雕工艺的现代性转化问题"展开交流合作。这次大胆的创新尝试反映出我们对保护非物质文化遗产的态度和立场，即保护非物质文化遗产绝不应该是"单向"扶贫，而是一种"双向"对话：古与今的对话以及艺术家之间的对话。这是本次项目给我最大的感触。

项目方案设计之初面临两个难点。第一，对传统技艺的了解需要一个过程，往往有意思的地方就"隐藏"在某些独特的工艺细节或克服制作难度的处理方式上，要想尽早地抓住其"精髓"，就需要深入了解非遗技艺甚至亲自动手体验。第二，对传统形式作出全新的现代诠释其实并不容易，这需要站在非遗技艺自身的立场，思考什么是所谓的"现代方式"。事实上，大多数非物质文化遗产技艺在过去的某一历史阶段都代表了区域化生产力或技术的最高水平，并与其时代发展水平相一致。今天的创作者只有在充分考量当下时代特征的前提下，使非遗技艺满足现代社会的生活需求或审美需要，才有可能使其再次焕发出新的活力。

面对这些难点,我在与传承人交流和设计的过程中,逐渐明确了创作总体思路,即基于传统椰雕材料,以当代雕塑艺术创作,力求呈现传统椰雕的另一种可能性。这也是我在艺术创作中经常使用的方式:寻找艺术形式或材料最为独特的方面(即使是所谓的"缺陷"),并基于这种特殊性进行创作,从而产生有别于观众习惯认知的视觉效果。众所周知,传统椰雕与大多数硬质木材雕刻的最本质区别就在于受"椰壳材料的限制"。虽然椰壳的基本形态接近,但如果仔细观察就会发现每个椰壳的尺寸、厚度、曲度、硬度甚至纹理都不尽相同,换句话说,每个椰壳都是独一无二的,这也是其有别于其他材料的特性。传统椰雕通常会挑选对创作题材最为适合的单一椰壳进行手工雕刻,这就反映出传统椰雕的造型特点:(1)造型、尺寸相对单一,外形以天然椰壳形态为主体,鲜有不同尺度和造型的作品出现;(2)重"雕工"而轻"形式",由于外形单一,因此更需要在雕工上下足文章——以满雕、透雕为主的精雕细琢尤为突出。对本次创作而言,利用好这一点是我们与非遗技艺"古今对话"的关键,项目的创新性就是基于椰壳的这一特点来突破椰雕的传统形式。

为了突破椰壳材料对造型和尺度的限制,我决定以单个椰壳作为单元形,做一个组合设计方案。其间我在设计草图上做了很多尝试,为了检验方案的可行性,无疑需要做大量的椰壳组合实验:对尺寸不一、凹凸曲面不同的椰壳进行几何化的切割处理,并依据椰壳不同的边长进行拼接组合,最终获得尺寸可变、形态自由的整体造型。

设计作品手稿

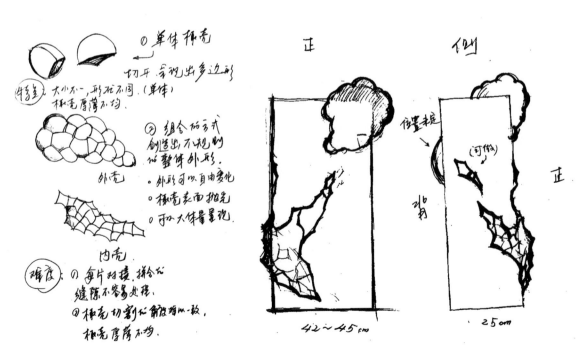

吴名驹 ✕ 海南椰雕

导师点评

造型实验

设计方案对细节呈现的要求很高，在疫情影响下对于所有项目成员来说都是一种考验。大多数情况下，与传承人的沟通只能采用电话或远程会议的形式，这要求设计与制作的双方达到足够的默契。即便如此，传承人仍然要克服手工处理椰壳时出现的操作误差——由于椰壳曲面角度不同而形成的拼接缝隙。为此非遗传承人吴名驹克服了很多操作中出现的困难，经过近百个椰壳的实验与改进，最终获得了令人满意的细节和整体造型。这种拼合有别于拼图式的平面化呈现，更接近于现代雕塑的空间构成手法，作品的整体形态和尺度也可以随椰壳组块的增加而自由发展，不受空间和尺度的限定。用椰壳内部凹面做拼接组合，在传统椰雕中几乎没有此类经验，传承人经历了从认为不可行到看到完成效果后的惊喜和兴奋，他告诉我，没有想到会有这么好的效果。成品的视觉呈现是令人震撼的，这其实也超过我的预期，传统椰壳材料的潜力被发掘出来并以一种现代的方式呈现在人们面前。

经过为期近一年的讨论、设计与创作实践，2020年6月本次非遗创研项目成果展在沈阳故宫如期呈现。在中国传统建筑群的映衬下，这件具有鲜明现代雕塑特征的非遗椰雕技艺作品《云起·潮落》迎来了首次展出。作品名称来自椰壳正反面不同组合给人的视觉印象——凸面组合形似云朵，凹面拼接如同退潮后岛屿形成

的起伏海岸。作品的现代造型如同一阵海风扑面而来,在展览中受到专业人士和广大观众的认可和称赞。同时,作品的外观造型和创新研发的一套工艺均申请了国家专利(外观专利一项、发明专利一项),为更好地发展海南椰雕技艺,实现产品转化与推广起到了很好的推动作用。

对于传承数百年的技艺,我们首先是心怀敬畏,同时在为古老技艺焕发现代活力的创作动机驱使之下,勇敢而坚定地迈出了艺术创作"历险"的第一步,虽然在项目的推进过程中遇到了诸多困难并留下了许多遗憾,但这次创作经历对非遗传承人和我而言都收获满满。我们基于海南椰雕这样一种独特的材料、技艺所作出的崭新尝试,也许可以让人们放下对非物质文化遗产所谓的"扶贫心理",真正认识到其文化价值和社会意义,在现代文化生活和艺术思想的关照下积极地进行有价值的"对话",让现代设计、艺术与非遗技艺的保护和发展真正融合。如果说这次的创作是两个艺术家合作的结果,那它更是当下与古老的非遗技艺进行对话的结果。

陈焕升 ✕ 辽宁琥珀雕刻

陈焕升

CHEN HUAN SHENG

× 琥珀雕刻

抚顺琥珀雕刻借鉴了玉雕、煤雕的造型设计和雕刻技巧，并加以改进和创新，使琥珀雕刻作品具有体积小、精细、层次分明的特点。

陈焕升 × 辽宁琥珀雕刻

工艺介绍

抚顺琥珀雕刻制作工艺已有一百多年历史。抚顺琥珀雕刻分圆雕、浮雕、透雕三种，其技艺流程有：采料、选料、切皮、造型、破荒、捣角、铲活、走刀、抢细、磨光、钻眼、搓孔、磨形、穿珠、内画、镶嵌、抛光、清洗等，技巧讲究稳、准、狠。抚顺琥珀雕刻借鉴了玉雕、煤雕的造型设计和雕刻技巧，并加以改进和创新，使琥珀雕刻作品具有体积小、精细、层次分明的特点。

琥珀雕刻制作

传承人简介

陈焕升

2020年"清华美院—BMW非遗保护创新基地"项目传承人

- 非物质文化遗产项目"琥珀雕刻技艺"代表性传承人
- 中国珠玉宝石首饰行业协会琥珀分会副会长
- 抚顺市琥珀雕刻文化研发与保护中心首席设计师、工艺师

中国当代琥珀雕刻艺术界领军人物，国内唯一一位省级琥珀雕刻大师。其作品涵盖花、鸟、鱼、虫、人物，从传统技法入手，借用现代中西技艺，巧用原石俏色、纹理，刀随心转，意从心生，雕刻的珀上众生，绰绰然蹁跹而舞，卓卓然遗世独立，传递着众生和谐与生命轮回的意象，成为当代琥珀雕刻艺术品的象征。

陈焕升 × 辽宁琥珀雕刻

采访实录

"我认为物质上的攀比引发的全民收藏、全民追求艺术品是不可取的,未来人们会更在意精神上的满足,追求心灵与物的交流。"

您是从什么时候开始接触琥珀雕刻?

我小的时候就比较喜欢雕刻,一次偶然的机会,在市场上看到的琥珀原石让我着迷,就开始从事琥珀雕刻的工作,后期跟我们抚顺当地的老传承人学习这个手艺,到现在已经二十多年了。

琥珀雕刻与其他雕刻工艺有什么区别?

琥珀雕刻和玉石雕刻、玛瑙雕刻的工序差不多,包括设计、打胚、粗加工、精雕、修光、抛光、配座等。但是与其他玉石类材料不同,琥珀相对较软,不能用金刚石的磨具研磨,只能用高碳钢的刃具在电动工具上高速旋转进行切削。在作品题材的选择上,琥珀受限于自身硬度低的特性,不同于其他材质,不适合雕刻特别纤细的花叶和藤蔓。

琥珀雕刻和木雕有什么关系?

琥珀雕刻这个国家级项目的创始人最早是木匠,当时他在抚顺雕刻琥珀用到的工具很多是木雕工具的。但是随着时代的发展,传统的手工工具逐渐被电动工具替代,我们就不用原来那种工具了。当然在传统技艺表演的过程中也有可能用到手工刻刀,来还原手工艺的过程。

陈焕升作品《今非昔比》

陈焕升 ✕ 辽宁琥珀雕刻

您参加"清华美院 – BMW 非遗保护创新基地"项目最大的收获是什么?

首先感谢这个项目给我提供了到清华继续学习的机会,尤其在美术专业方面,学到了很多东西。有一点小遗憾,因为当时是在汝瓷培训班学习,所以大部分的课程都跟汝瓷相关。但是课程中也讲授了很多工艺美术知识,非常受用。在清华学习的时候,我看到了不同导师的作品,在创作理念方面受益匪浅,同时也拓宽了艺术视野,打开了创作思路。

这门手艺的传承模式是什么?

主要有两种方式。第一种是师徒传承,我有不到二十个徒弟。还有一种就是在职业高中开设有相关专业,有很多学生学习这门手艺。

您在"BMW 中国文化之旅"社会创新成果展中展示的作品与之前的作品有什么不同?

这次的系列作品是在鲁院长的指导下完成的,过程中我们一直反复打磨创作思路,临近时间节点终于确定方案,连轴转把作品赶制出来。《松鹤》是传统和现代相融合的作品。

"清华美院—BMW非遗保护创新基地"琥珀雕刻项目组作品《松鹤》

采访实录

陈焕升 × 辽宁琥珀雕刻

您对"非遗进校园"有什么看法?

对于特别喜欢传统文化的学生,可以去学习手工艺,也是一种出路。比如沈阳有一个技术学院就是培养一些有专业特长的学生,他们可能没有毕业就已经就业了,这是很好的范例。

我们做"非遗进校园"到现在应该有五年了,很多学生学完以后,会到各大美术学院进修。目前手工艺培训的师资力量还相对薄弱,我们一直在倡导手工艺人进校园,给学生们传授各项技艺。其实有很大一部分学生都很喜欢传统文化,但是在大学时期没有途径学习,等到毕业之后再从头开始学手艺,浪费了很多时间。

您现在怎么招收传承人?

现在更多的是跟学校合作,例如跟地市的职业学校合作培训传统手工艺。然后从其中选拔品德优良、有创作想法的学生,进一步培养。另外,我们在参加世界或者国内的文化交流活动过程中,也可能找到想学习非遗手工艺的年轻人,吸引他们过来学习。

陈焕升 × 辽宁琥珀雕刻

采访实录

"清华美院—BMW 非遗保护创新基地"琥珀雕刻项目组作品《松鹤》

政策给非遗传承带来了哪些机遇？

政府近些年提出要坚定文化自信，弘扬优秀传统文化。非遗就是优秀传统文化的重要组成部分，是古人在生产生活当中总结下来的智慧结晶。现在学习非遗文化的人太少了，政策给想学习手工技艺的孩子提供了更多的机会。

有没有想过做些跨界合作？

我们可以和贵金属工艺的传承人合作，把掐丝工艺、铸造工艺等创造的装饰性纹样与雕刻的纹饰复合在一起，共同组成作品。也可以和陶瓷进行跨界，把老瓷片通过精修，再加工镶嵌到琥珀上。这些做法我们都尝试过。

陈焕升 × 辽宁琥珀雕刻

对于非遗的未来发展您有什么想法？

有的非物质文化遗产项目，比如砚雕、锡雕、剪纸、皮影等项目的市场和生存空间相对好一些。我们基本能够在自给自足的同时，去承担相应的社会责任。我认为物质上的攀比引发的全民收藏、全民追求艺术品是不可取的，未来人们会更在意精神上的满足，追求心灵与物的交流。我们手艺人应该在完成学习积累后，踏踏实实把本职工作做好，把手艺更多地教给喜欢这个行业的年轻人，让非遗一代一代地传承下去。在未来三至五年，我更愿意去培养下一代传承人。关于未来的销售模式，我认为会更多地通过网络进行销售。

您觉得未来最大的挑战是什么？

过去我们接触、购买物品的渠道很有限。现在的互联网时代，充满了各种各样吸引眼球的东西。很多年轻人对中华民族博大精深的传统文化也是一知半解，如何让中国的下一代人认知和喜爱传统文化是当务之急。我们一定要建立、宣传自己的品牌文化，让非遗走入现代生活。

"清华美院—BMW非遗保护创新基地"琥珀雕刻项目组作品《松鹤》

"清华美院—BMW 非遗保护创新基地"琥珀雕刻项目组作品《松鹤》

陈焕升 × 辽宁琥珀雕刻

项目心得

感谢 BMW 给我们提供这样一个难得的、能再次接受教育的机会,进清华大学是我们每个人的梦想,能到最高学府来接受一次新的学习,是终生难忘的一段记忆。我在学习期间有几点体会:

一、开阔视野,沉淀思想

在清华期间,更多的是开拓了眼界,导师们在学术上给了我们很多的指导,让我接触了解到很多不同的观点,比如有的导师建议我们去做奢侈品类的东西,有的导师建议我们做大众化的东西,因为奢侈品靠品质取胜,大众化的东西靠量取胜,不同的导师有不同的意见,这都给我在创作上带来了不同思路。最让我难忘的是陈岸瑛老师的课程,比如中西文化的对比与古今文化的对比,包括各个时期不同的案例,以及让我们耳目一新的观点,这都需要我们去慢慢消化整理,才能悟出属于我们自己的东西。

二、理论提升,创意先行

我现在一直在尝试,将校园所学的理论,结合我们平时的想法与实践,迸发出新的艺术创意,最终形成一种、甚至一系列作品。手艺人也好,传承人也好,势必要把自己所做的作品推向市场。以前做非遗,大多是在做传承,而做成规模化、产业化的,以前是真的不太多。所以从美院学习回来以后,我觉得除了对天然琥珀进行艺术创作

"清华美院—BMW 非遗保护创新基地"琥珀雕刻项目组作品《如意轮》

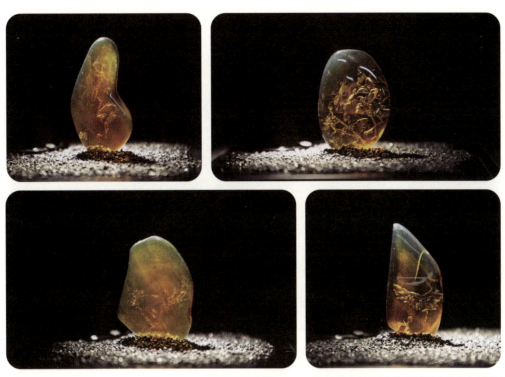

"清华美院—BMW非遗保护创新基地"琥珀雕刻项目组作品《松鹤》

以外,还可以做一些跨界合作,比如说与贵金属镶嵌结合,这种镶嵌符合中国传统金银的特征,加上琥珀雕刻技艺的特点,创作符合现代审美又具有文化底蕴、历史传承的作品,这种作品相对来说,可能更靠近产业化。

三、关于非遗衍生品的思考

结合在清华美院学习的感悟,回到工作室后,我也做了一些尝试,设计了一个叫"旺财福"的作品,是以古书上对于摸金符的描述为基础进行的衍生,在创作中加入了很多中国传统文化的东西,比如说在背面刻了八个字:顺天应人、生财有道,在作品正面融入摸金两个字的概念后,下边又有两个字:舍得。其实这个更多的是说人生感悟,每个人都应该顺天应人,做好自己该做的事儿,每个人都应该生财有道,挣我们该挣的钱。我在做衍生品时,说到底就是要把我们的文化以及我们心里的所思所想,用艺术的表现形式做出来,然后回馈给消费者。因为不管是艺术品还是工艺品,让消费者能坦然接受我们的作品,那作品就被赋予了存在的价值,这也是我坚持创作的最终目的。作为国家级非遗项目琥珀雕刻项目的代表性传承人,我们的方式当然是用最好的工艺、最好的材料、最合理的价格去实现,而且在这个过程中,让消费者满意的同时又传播了琥珀的文化和知识,一举两得。

陈焕升 × 辽宁琥珀雕刻

项目心得

"清华美院—BMW 非遗保护创新基地"琥珀雕刻项目组作品《松鹤》

四、对于非遗的理解

我个人认为非遗是人类生存智慧的体现，很多非遗就是在生活中，从古至今没离开过我们，比如说传统饮食。像我们的琥珀雕刻，就是重新走进现代生活。因为在过去，这些玛瑙雕刻、琥珀雕刻都属于王公贵胄的专属，这一系列东西到不了民间，不像现今的生活，大众可以去消费这些奢侈品，这在过去是不可想象的，越制的惩罚可是不得了的。比如说黄色的衣服，只能是王室成员穿，琥珀玉石也是一样，在汉代的时候，盗墓贼去古墓里是不拿玉石的，因为这个东西并不是民间所能流传的，拿出来以后没有销路。现在不一样了，琥珀雕刻已经真正能够融入现代生活，供现代人去消费，人们可以去收藏它、把玩它。

五、关于产业化的思考

对艺术品的流传性问题，我一直固执地认为，一定要做经久不衰的作品，而不是昙花一现。那么经久不衰要靠什么，我认为就是各个传承至今的非遗技艺。质量有保证的同时，要尊重传统，做出来的东西要有人情味儿，如果你过度地去追求产业化和批量化，那可能就是一个机械化拼凑出的东西而已。比如说编筐编篓，机器编的东西和纯手工编制的完全不一样。但不是说所有的非遗都必须靠手工艺完成，在工艺上完全可以区分开，比如保留一部分用传统手工艺精雕细琢，其余的部分可以通过机械化量产，从而实现产业化。

六、非遗走进现代生活

受互联网发展影响,市场销售模式从传统商业转移到互联网平台,包括直播、微商,作为传承人,确实要对这方面去认知、去了解、去接受,然后去适应、去推广。我认为互联网的模式总体是利大于弊的,在过去传统商业模式下,来我们实体门店的客人仅限于周边地区的人,而互联网上有着无限空间,客人可能来自省外甚至国外。但这对一部分传承人来说确实存在难度,因为很多手艺人他专心于自己的技艺,并不擅长做宣传和推广。经过清华美院导师指导,我认为琥珀雕刻未来可以开发文化创意产品,可以说既有文化传承,又符合现代人的审美。我记得有一位老师说,我们现在有四亿网民,如何去吸引这些人的目光,让他们成为消费者是很重要的。未来我们一定要做符合时代发展,且具有历史文化的产品,但这些产品一定要是积极向上、符合主旋律的,不能是为了赚钱,盲目迎合不好的事物,那我们坚决不做。虽然我们只是手艺人,但是我们有时代的责任感,我们应该去把好的文化继承,发扬放大,糟粕的东西在我们这儿会被完全摒弃掉。

最后,再次感谢BMW以及各位导师的努力和付出,感谢!

"清华美院—BMW
非遗保护创新基地"
琥珀雕刻项目组作品《松鹤》

陈焕升 × 辽宁琥珀雕刻

导师点评

导师·鲁晓波

- 2020年"清华美院－BMW非遗保护创新基地"琥珀雕刻项目组导师
- 清华大学美术学院文科资深教授、清华青岛艺术与科学创新研究院院长、原清华大学美术学院院长、博士生导师

鹤的形象源自鲁晓波教授瑞鹤题材的绘画作品

自建院伊始，清华大学美术学院就十分重视对中国传统工艺的保护和创新发展，学院始终以继承发扬优秀传统文化、美化人民日常生活为己任，并在传统工艺与艺术设计领域拥有全球一流的专家队伍和实验室设备。

从2016年起，清华美院和BMW联合倡议成立了"清华美院－BMW非遗保护创新基地"，旨在文化公益领域强强合作，保护、研究、推广中国非物质文化遗产。积极服务于非物质文化遗产的传承人，探寻非遗传承、保护、发展的新途径和新模式，让传统工艺能融入现代生活，焕发新光彩。并通过清华青岛艺术与科学创新研究院的对接与协助，进行市场孵化，最终形成社会性转化，助力中国传统工艺复兴。

在推动非物质文化遗产的保存与传承发展中，一直面临着一个客观存在的难点——大多技艺类项目传承人都在艰难融入现代化进程，而这正是本次项目以及基地能够帮助非物质文化遗产传承的关键。

在这一次项目中，与我合作的是抚顺琥珀石雕代表性传承人陈焕升。抚顺琥珀雕刻艺术汲取了中国玉刻、煤雕等的造型设计特点和雕刻技法，并在此基础上，加以改进与创新。陈焕升的创作内容涉及花、鸟、鱼、虫、人物等，从传统中国艺术出发，将传统技巧与西方现代技艺相融合，巧取原石俏色、肌理，刀随心转，意由心生，所塑造的珀上众生，富有万物和谐的生命韵味。

本次项目中，我与传承人共同合作的作品《松鹤》，比喻标格出众，又作长久之意。琥珀多由松科植物树脂石化形成，故又被称为"松脂化石"。在中国，松树一直具有非凡的意义，因此松脂琥珀自古就被视为珍贵的宝物。本作品正是基于松鹤的天然关系，将瑞鹤雕于琥珀之上，灵动瑞鹤与沉静琥珀浑然结合，托物言志，展现中国人文精神经久不衰的傲骨、高洁、超然的品格。《松鹤》琥珀作品，一组七枚，鹤的形象源自我的多幅瑞鹤题材的绘画作品。鹤在艺术中往往表达了中国人对平静和纯粹的向往，是一种纯洁、潇洒、与自然融为一体的精神境界。通过外化的丹顶鹤形象，看到了中国人内化的品格涵养：对中华传统文化的热忱；对自身品格的自我约束和不断完善；对真和美的专注、坚持和追求。瑞鹤形态各异，有的恬静优雅、飘逸孤玄；有的轻盈独立、舞姿曼妙；有的乘风逐翅、飞举高远。展现了优雅俊逸的视觉形象与超然物外的精神品格。

传统的雕刻整体过程主要分为琥珀选材、描绘图案、雕刻大形、形体修正、细节修整、精修勾缝、打磨抛光、上油等步骤。我们在合作创作的过程中，尝试探索将传统技艺与现代机械化生产方式相结合，将我画的鹤进行扫描后，根据选料的实际空间结构将二维的图画转换成三维点阵，再借助高精度的雕刻设备在琥珀上进行雕刻定位，然后继续运用传统的手工雕刻技艺完成作品。这样的尝试在原有的手工雕刻基础上提高了生产效率和作品精确度。后续可以根据此次项目合作的方式来探索琥珀雕刻非遗现代化传承的一个合理方向。

国家提出要建立文化自信，继承发扬优秀传统文化和精神。非遗是中国优秀传统文化的重要组成部分，是古人在生产生活当中总结下来的智慧结晶。我相信，在国家政策、学校和企业三方的推动下，会有更多的年轻人学习和接触到非物质文化遗产的魅力，投身到非遗保护和传承的事业中去。如今，越来越多的年轻人开始将更多的目光投向中华民族传统文化的领域，在这样一个良好的态势下，如何将传统文化的精华融入现代生活，如何让中国的下一代对我们的传统文化有更加深入的理解，我们有义务也有责任积极行动起来，让非遗走进现代生活，引领社会生活方式的新潮流。不论是作为设计师还是非遗传承人，这都是时代赋予我们的责任与使命！

冯月婷 × 辽宁松花石砚

冯月婷

FENG YUE TING

× 松花石砚

辽宁松花石砚是本溪特有的"文化符号",其独特的石质和精湛的制作技艺,早已名声在外。

冯月婷 × 辽宁松花石砚

工艺介绍

辽宁松花石砚是本溪特有的"文化符号",其独特的石质和精湛的制作技艺,早已名声在外。一方成品松花石砚的制作,大体需要经过采料、选材、设计、下料、切边、雕刻、磨光、打蜡、配盒、包装等数十道工序。其中,技术要求最高的要数设计及雕刻。

松花石砚虽然面世的时间不长,仅有三百多年历史,却凭借出身皇室、成长在深宫内院的资历而令其他砚台望尘莫及。作为"文房四宝"中浓墨重彩的一宝,砚台的材料丰富多样,包括端石、歙石、洮河石、菊花石、红丝石,形制包括陶砚、铁砚、玉砚、瓦砚、瓷砚等,地区不同、材质不同,名称也各有特色。沉积地下的松花石以绿色为主,本溪的松花石材并不仅限绿石,而是出产清宫御用松花石砚所用各色石料(紫、黄、紫绿相间、黄白、青黄相间等)。

松花石砚制作

传承人简介

冯月婷

2020 年"清华美院—BMW 非遗保护创新基地"项目传承人

- 非物质文化遗产项目"松花石砚制作技艺"第五代传承人
- 辽宁松花石砚品牌"紫霞堂"经理
- 中国珠宝玉石首饰行业协会理事

85 后冯月婷是辽宁本溪松花石砚制作技艺的第五代传承人,自幼受父亲熏陶,对这项古老技艺情有独钟。她组建专门的研发团队,将漆器和砚石结合,实现了为松花石上色的技术突破,并为每种创新器型和工艺技术申请了专利保护。

松花石砚制作

冯月婷 × 辽宁松花石砚

采访实录

"我打小就是在石头堆里长大的，能记事了随手就可以摸到温润的石材，有想法了就想做一件自己的作品，这是我的生命，也是我的生活。"

您目前在经营辽宁松花石砚的砚坊吗？

"紫霞堂"前身是新中国成立后辽宁唯一的制砚企业，于 20 世纪 60 年代建厂。公有制转制后，到了我们家族名下，现在是辽宁的老字号企业。最早是我父亲在经营，现在是我在经营。

您是从什么时候开始接触砚石雕刻？

我是把玩着大大小小的石头长大的，从小就目睹父亲以刀为笔、琢砚生花。我父亲最开始是不支持我学习雕刻砚台的，觉得这个工作比较枯燥，也比较苦。但是我很喜欢砚雕，就跟着父亲临摹，他刻什么花，我就刻什么花。那个时候对砚台的规制和概念都比较模糊，只是照猫画虎。我上大学之后，偶尔会拿几方石头在房间里雕刻。那时候已经成年，父亲也觉得我心智比较成熟了，才开始系统地教我砚雕，让我对砚台的形制、纹饰的演变、历史发展有了更清晰的概念。

砚台是文化的载体，历代文人把砚台奉为"文房四宝"之首，已经有一千二百多年的历史。对现代人来说，砚台已经不是生活必需品，但是在古代，书写等文本工作必须用到砚台。砚台代表了这个人在家族中的身份地位，砚台上用的纹饰也表明了这个人在家族的传承属性。

问：现在从事这项技艺的人多吗？

现在从业者还是很少的。原来我们是国营的老厂，改革之后，部分员工还在坚守这个行业。但是最近几年受疫情影响，礼品市场萎缩，从事这个行业的人员不断减少。2018年和2019年的时候我们做过统计，大概有两千多人从事砚雕行业，但是在今年年初的统计中显示，从业者也就剩五百到六百人。

去年年底，我跟省人才中心共同开展了松花石砚雕刻的培训课程，结业后我们也一直跟从业者保持联络。从互动中我们了解到，虽然从业人数在减少，但留下的有很多80后和90后，这是让我们惊喜的地方。这也和松花石砚历史有关，比起其他砚种，松花石砚可能算是较为年轻的，也就三百多年的历史。像端砚和歙砚已经发展了一两千年了，现在基本是老一辈手工艺人带徒弟。到了七八十岁这个年龄段，阅历很丰富，但是有时候手和眼会在制作时力不从心。我们的从业者这么年轻，我觉得下一步的发展还是很可观的。不会因为从业人员的减少导致行业停滞不前，只是因为现在市场的冷静期，大家为了谋生会有转行，但可能将来会有回流。

冯月婷作品《松花石祖国万岁暖砚》

冯月婷 × 辽宁松花石砚

采访实录

您参加"清华美院－BMW 非遗保护创新基地"项目最大的收获是什么?

收获非常大。简单来讲,我对创意这两个字的理解有了质的变化。以前只是在传统的基础上做一些变形,比如说我们会将砚台的外形放大缩小、调整纹饰、丰富功能。通过跟清华美院刘润福教授的合作,我们打破了很多传统观念。刚刚完成的作品《海蓉》系列是以海洋生物中的草本植物为灵感,让石头的刚硬和海洋生物的柔软相碰撞。我们查阅了很多资料去理解这个生物的动态,最后雕刻成这个作品。在过程中,我们觉得前期的思维模式和我们原来创作的模式完全不一样,看到成品之后非常惊喜。我们把砚石中间的花纹抛光打磨掉之后,留了一点光晕的感觉,有点像那种浪花晕开的效果,给了我们一些新的触动。我们原来被限定在框架里面太保守了,这次的合作让我们打开了另外一扇窗。

您在"BMW 中国文化之旅"社会创新成果展中展示的作品与之前的作品有什么不同?

《来潮》是我们合作的第一件作品,运用砚石青绿的颜色表现海洋,跟原来做的松花石砚的制式会比较贴合。这个作品是我们先提供了一个构思和设想,还没有思维发散。我们原来的作品比较主观,把要传达的东西具象地雕刻出来。后来刘教授给了新的启发,他说每个人看同一件作品会有不同的理解,要让观看者有自己的想法来触动对这件物品的喜爱。所以后面的创作就开始改变了,到第三个作品的时候就想如何能打破常规人们对石头的坚硬的印象,表现海洋生物的感觉。

"清华美院— BMW 非遗保护创新基地"松花石砚项目组作品《来潮》

"清华美院—BMW非遗保护创新基地"松花石砚项目组作品《蝶》系列

您觉得大众会接受创新的作品吗？

《来潮》是基础款，大众的接受度会高一些。《蝶》系列的定位是比较年轻的人群，对美有一定的想法和追求。这个系列我们做了很多颜色的搭配，比如用白的贝母和白色的松花石进行了镶嵌，也用紫色的松花石和黄色的石材作对比。《海蓉》系列更偏向于一件艺术品，它的工艺和要传达的理念相对小众。

您之前的产品面向哪些群体？

松花砚的产品分两部分。一部分是学生用砚，砚台原本就是书房当中的必需品，我们想让它更实用一些，这部分的价位也更被大众所接受。还有一部分是大师级的作品，大师级的作品也分为两个系列。一个系列是完全遵照贡品的制式，镶嵌的工艺、镂空的开窗、砚口的级别，都是严格按照清代的规矩去做。第二个系列是根据石材的属性进行雕琢，但是雕琢的工艺也是完全遵循传统，例如高浮雕、薄意雕和透雕。这次跟清华美院的老师合作，我意识到砚石的属性是固定的，但可塑性很强。这次合作后，我们给自己布置了一个课题，就是独立开发能耐人寻味的艺术品。

采访实录

您通过什么形式展示砚雕产品?

跟南方地区比起来,东三省的文化属性工艺品和艺术品相对较少。以前我们有一个大概三千八百平方米的展示空间,人们可以到那里选购自己喜欢的一方砚台。今年我们想打造一个博物馆,用历史脉络梳理出一条参观路线,免费对外开放。去年跟沈阳的百所小学合作,让中小学生来体验历史文化,用砚台上的纹饰做一个拓片带走。这些活动更注重体验的过程,而不是最后能成交多少订单。我们希望通过更丰富的模式,让更多的人了解这项传统工艺。

您有什么非遗创新的案例可以分享呢?

我们有做一些文创产品,比如冰箱贴、配件等。2020年,"紫霞堂"是国家文化旅游部对外交流中心的中标企业,我们当时用熊猫、中国结等中国元素设计了命题作品《欢乐中国年》。2014年,我们就评上了国家级非遗,那时候大家对非遗还没有概念。经过这两年的宣传,大家对传统工艺是很向往和喜欢的。现在提到非遗,大家会意识到它是口耳相传,有自己的历史脉络和传承谱系的。

冯月婷作品《松花石石鼓暖砚》

这门手艺的传承模式是什么?

原来我们面对社会开展培训,年龄层段不好控制。目前我们想吸纳更多的年轻人进来,计划今年(2021年)年初在辽宁省范围内选一所院校,让学生独立学习一门技术或者开发一个项目,筛选一批年轻人重点培养,帮助他们自主创业。另外大家提到传统手工艺都认为是纯手工,其实我们要做市场,需要完成大量的订单,一笔订单可能要几千件作品,这么大的工作量要依靠机械雕刻才能够完成。很多学习数控相关专业的学生,都不知道可以应用在工艺美术上。

政策为非遗文化传承带来哪些机遇?

政府将非遗保护传承融入国家重大战略,对我们来说是一个非常好的发展契机。我们以前觉得酒香不怕巷子深,做得好就不需要宣传。但是这两年势头开始转变了,我们也要调整自己的思维。举个例子,2019年中宣部来辽宁开新闻发布会,就带着我们这个项目进行技艺展示。以前我们做的展览基本上就是纯商业的礼品展会、工艺美术展会,国家的导向使我们跃迁到新的平台,这对我们来说是完全想象不到的,也让我们对从事的这个行业更为笃定。

冯月婷作品《复刻 清 康熙 赵孟頫铭仿古砚》

冯月婷 × 辽宁松花石砚

采访实录

冯月婷工作照

您觉得未来最大的挑战是什么？

我觉得这个行业面临的最大挑战是从业人员普遍对传统工艺和历史文化的理解有局限。我们举办了几次行业内的大型培训，邀请了鲁迅美术学院的教授、辽宁省轻工业联合会的会长等专家授课，我们在培训过程中发现，从业者有时候会听不懂老师在讲什么。之前邀请辽宁省社会科学院的老师讲企业运营和品牌化运营，大家会疑惑为什么要做运营，什么是品牌。

对于未来的发展您有什么想法？

我希望高校能够设立砚雕相关专业，梳理出系统的教材，培养一些专业人才。最近几年，我希望能够创作出更多有创意的作品。

项目心得

冯月婷 × 辽宁松花石砚

起初,从一名传承人的角度来说,冯月婷对学院派的设计理念存在一定的刻板印象。在她的印象中,学院派的风格一向与传统搭不上边,大部分设计的作品,也很少能被大众接受或者看懂。但通过这次项目的学习,让她更深入地了解了美院老师对"美"和"艺"的执着与热爱。

在"清华美院—BMW非遗保护创新基地"项目中,冯月婷与老师们进行了学术交流,产生了设计理念的碰撞。清华美院的刘润福老师,更是亲自到冯月婷的工坊车间进行田野调查,从石材的料性,到工艺流程的顺序,雕刻技艺的应用,乃至目前雕刻技法的现状,十分细致地与传承人进行探讨。通过慢慢了解,冯月婷得知刘老师对传统工艺一直研究颇深,而且对非遗技艺的发展传承,以及非遗技艺的创新也有自己独到的见解和研究。刘老师的精神打动了冯月婷,也正是因为他们都对传统工艺有着无比的热爱,才能在研发的过程中志同道合,创作出优秀的作品。

"清华美院—BMW非遗保护创新基地"松花石砚项目组作品《海蓉》

冯月婷 × 辽宁松花石砚

项目心得

自成立"紫霞堂"以来,传承人冯月婷一直走"文化品牌路线",给匠人提供更好的平台进行技艺的研发与创新。目前已拥有数十项自主研发的"国家发明专利""外观设计专利",始终坚持规范化管理和品牌运营。

非遗产业化转型,是大势所趋,也是必经之路。如果想把非遗项目做大做强,就更加需要扩大影响力,而传统的作坊,必然制约了发展。作为非遗项目的传承人,他们一直在寻求更多的方向,来展示展演非遗技艺。以固态的展示、活态的展演,让大众更能身临其境地感受传统技艺的魅力。产业化转型,更能促进非遗走进百姓家。中国是文化大国,也是文化自信的强国,大众对文化的态度,是期盼和渴望的,而非遗的传承,

"清华美院—BMW非遗保护创新基地"松花石砚项目组作品《海蓉》

更是文化传承的最好载体。任何产业的发展，都需要文化的注入，而非遗的文化，又是那么的鲜明可见。但目前很多传承人依然面临着严峻的挑战：传承人精通的是技艺，对于产业化发展与商业模式的运作甚少了解，他们并不具备自身产业化转型的能力。非遗项目目前遇到的通病是新一代传承人的培养，曾经养家糊口的手艺，如今却少有人知。所以无论是打造非遗品牌还是产业化转型，都是助力非遗的传承保护与发展的手段。

冯月婷 × 辽宁松花石砚

导师点评

导师 · 刘润福

- 2020 年"清华美院 – BMW 非遗保护创新基地"松花石砚项目组导师
- 清华大学美术学院陶瓷艺术设计系副教授、博士生导师

一、守正固本

松花石砚在四大石砚中的历史发展相对略短,但作为清代皇家御用的特殊文化背景,以及石材的珍贵特质,皇家制砚工艺的奢华细腻,彰显出与众不同的高贵讲究的贵族气质。作为皇家御用及赏赐用砚台,或深藏内府而后被两岸故宫博物院收藏,或珍藏民间,传世松花石砚流传甚少。在与冯月婷、侯纯欣两位老师的合作中,有幸品鉴了部分原砚及高仿御砚,从中学习吸收了不少名砚设计制作的巧思与精髓。

冯月婷、侯纯欣两位老师与传统的民间传承人不同,两人从小经历父辈的文化传承及传统工艺素养的浸润熏陶,同时,作为大学高等教育体系培养下的具有深厚人文素养且精通专业知识的一代大学知识分子,专心学习研究,构建沉淀了深厚的科学素养。因此,在与两位老师的协作交流过程中,仿佛艺术海洋中的浮舟,常常感同身受,而又心有灵犀颇有共鸣。

人文艺术的力量不同于物质世界的功能功用,艺术带给我们的是勇气与幸福,直达内心,为我们的精神世界注入力量、阳光,使我们朝气蓬勃的面向当下,感悟人生,憧憬未来。从事人文艺术工作的非遗传承人理应具有这些勇气、感悟、想象力等艺术素养。只有具有深厚的人文素养的积累才能承担起这个重任。有幸冯月婷、侯纯欣两位非遗传承人正是这方面的杰出代表。

二、拓展弘扬

松花石砚技艺是传承几百年的名砚技艺,在技艺传承方面历经坎坷,甚至曾仅存涓涓细流,但也有幸得到文人志士的全力保护,得以逐渐恢复,蓬勃发展。

非遗传承离不开时代,也离不开传承创新。一方面,传承传统才会守正固本;另一方面,创新当代才会面向未来,才会成为历史中的活态的文化财富。冯月婷、侯纯欣两位老师堪称非遗领域的神仙眷侣,冯老师专长于传承传统,深研传统审美,侯老师专长于面向当代,挑战新材料新技艺的融合提升。两人事业上并肩向前,成为松花石砚技艺传承创新的一面鲜明旗帜。

冯月婷 × 辽宁松花石砚

此次合作立足于传统非遗传承，同时在造型、装饰及功能方面扎根于当代社会，面向不同的文化人群而展开设计创作。力求使松花石砚融入当代大众文化，在当代汇集，在未来成海。

首先是大众款的《来潮》，图案装饰以汹涌澎湃的潮水为意象，配以蓬勃升起的日出，展现出生生不息的动感意境。中国传统纹饰图案强调"图必有意，意必吉祥"。水生财，财源滚滚，气象万千。寓意人民大众对丰足美好的向往。在制砚工艺技法上，两位老师巧妙运用了传统俏色巧雕技法，把石材的两层，或多层渐变色彩雕琢而出，丰富地表现出浪花的灵动，朝阳的雄壮。这款《来潮》侧重大众审美及石砚实用性，力求通过推广使用，展现松花石砚细腻的材质，丰富的色彩肌理，讴歌热爱自然的中国人文审美。

其次是第二款《蝶》系列设计。《蝶》系列重视简约的表达方式，尝试运用最简约的图案及配色，唤起丰富的遐想思绪，唤起使用者的审美共鸣，唤起他们对画面余白意境的再创作。同时，尝试以青年一代容易接受的造型装饰形态，唤起青年一代对传统工艺的兴趣和对传统文人生活的关注。在《蝶》系列图案设计过程中，我们组成的设计团队探讨了五百余幅蝶舞的构图纹样，同时，不断挑战并压缩"蝶"的数量，力求留出最大的余白与空间，为青年人无拘无束的精神畅游预留广袤的空间。

最后一款，我们侧重对抽象艺术表达的挑战。在创意上空想写意出飘逸的海中植物"海蓉"，在造型表达方面力求跳出传统"砚台"的固有思维，以柔美飘逸的雕塑形态冲击松花石本有质感及沉积岩的层次感，形成了较有冲击力的崭新形态。同时，在表面处理时，两位老师巧妙地把石材的花纹融合在砚台的砚池中，以金属工艺相近的"木纹金"技法形式，开拓了松花石砚"木纹砚"技法，形成了崭新的表达语言，为今后的砚台设计制作拓展了崭新的表达空间。

此次清华大学美术学院、BMW及非遗传人共同协作，硕果累累。我们坚守了对松花石砚传承创新的合作宗旨，坚守了传承弘扬中华大审美的旗帜。具体在创新方面，拓展了崭新的松花石砚"木纹砚"技艺，拓展了对松花石砚的造型表达、装饰表达，为松花石砚技艺提升与艺术升华做出了积极而有意义的尝试。这些终将记载在松花石砚的发展历程中，这些勇于探索的涓涓细流终将汇成广袤的文化海洋，成为我们身心驰骋的地方，这些细微而饱含深情的努力，也终将成为我们艺术工作者不朽的骄傲。

石岭 × 辽宁传统锡雕

石 SHI
岩 YAN
× 传统锡雕

手工锡雕对每一道工序都要求极高，每件器皿都有它的唯一性和艺术价值、收藏价值，足以流传百世。

石岩 × 辽宁传统锡雕

工艺介绍

手工制作的锡器是用锡锭制成锡板，再由锡板下料，在下料前根据所制作器型，要精密计算如何画出分体照样，还要考虑上下对接、误差、金属收缩律等因素，制成照样后再用照样裁好锡板，卷成圆柱或圆锥状焊接好，以冷加工方式敲打筒身成型，使其达到所需形状再把肩部的形状敲打好，其他部分如壶把需敲好待用，最后焊接。焊接必须用原锡焊（行内叫本锡焊，不添加焊药及其他金属），才能保证锡器的纯度不变，这需要手眼配合精确，同时掌握温度。1.5毫米的板材主体，表面融化到三分之二时才能焊接，要求焊面平顺，光滑不出现气泡、走珠等，没有一定的时间积累和实际制作的经验，是没有办法完成如此复杂的工序。古时学做锡器要跟师傅学习三年才能出师。到目前为止，有弧度的器型，复杂的结合器型，都无法用电脑制图放样。看似简单的下料，都要用剪刀平顺，不能断剪，弯料、扇形料、弧度料、小鱼料等就更离不开精湛的技艺了。

石岩作品《锡月壶》

主要工艺流程

- 整形
  手工制作锡器，用木槌以合适的力度、角度把器皿敲打成符合设计要求的形状

- 抛光
  首先挫平，再用刀刮，要求刀刀相连，起刀收刀不留刀痕，人要坐得住，手要拿得稳

- 堆焊
  用火枪焊接锡堆塑，一点一点堆积，要求掌握精准火候，而以枪代笔尤为困难

- 雕刻
  锡软而粘，不能一刀而就，要补刀，但不能让观者感觉不是一刀而就，所以下刀要准、收刀要快、补刀要轻，才能达到更好的艺术效果

- 錾刻
  每种图案都要预先磨制一套相应的钢錾、打线，反正面重复才能錾刻出浮雕效果

- 打磨抛光
  要用各种型号砂纸，从 320 号至 5000 号砂纸按顺序打磨，中间不能跳号，最后用棉布抛光

手工做锡器对每一道工序都要求极高，每道工序紧密相连，复杂器型要几道工序反复进行，不能出现一点误差，否则无法补救。正是因为这些苛刻的技术要求和成品的无法复制性，每件器皿都有它的唯一性和艺术价值、收藏价值，让其足以流传百世。

石岩 ✕ 辽宁传统锡雕

传承人简介

石岩

2020年"清华美院—BMW非遗保护创新基地"项目传承人

- 非物质文化遗产项目"锡雕"代表性传承人
- 锦州锡雕传习馆馆长
- 辽宁省工艺美术大师
- 锦州市工艺美术大师

石岩15岁起自学木雕,1991年起师从岳父杨喜华学习锡雕錾瓷技艺,后又自学玉雕、牙角雕、琥珀雕刻及金银首饰制作工艺,这些技艺对他的锡雕创作起到了很大的辅助作用。从1997年入御用工坊学习锡雕工作以来,石岩已从事锡雕工作25年。多年来,他对锡雕这一中国乃至世界级的独特工艺进行了苦心钻研和总结,对家传宫廷锡雕御用工坊的锡雕技艺进行了整理、挖掘、传承和发展,创造性地继承和发展了宫廷锡雕工艺,使东北宫廷锡雕这一非物质文化遗产在当代得到了创新和发展。

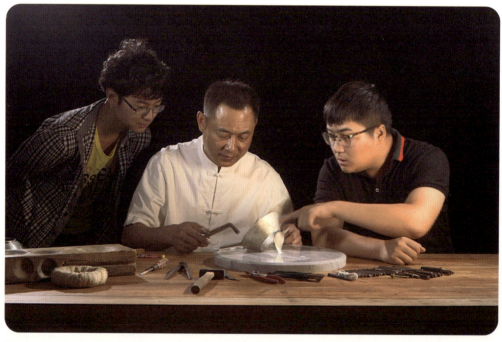

石岩(中)

142

采访实录

石岩 × 辽宁传统锡雕

"这次项目结业作品《流觞曲水》是我在导师王晓昕的指导下完成的,作品有如文人雅士纵情山水,作流觞曲水之举,反映出锡器蕴含的文人精神。"

锡雕制作

这门手艺的传承模式是怎样的?

锡雕的传承分三部分。一部分是家族传承,现在是新社会,不会再按以前的做法"传男不传女",我自己有一个女儿,现在把技艺传给了她;一部分是采用师傅带徒弟的方法,在全国广收徒弟;还有一部分是带学生,学生和徒弟的不同之处在于,他想学习什么就教授什么,只学习单个技艺。锡雕和其他技艺有所区别,竹木牙角匏,金银铜铁锡,这些都要掌握。从雕刻到瓷器修复再到电焊,在锡雕里都是相结合,相辅相成的。只有将所有的技艺都学了,最后学锡雕的才能叫徒弟。

石岩 × 辽宁传统锡雕

采访实录

对锡雕工艺的发展您怎么看?

锡雕相对比较小众,要扩大受众群体就要把价格降下来。原料是固定的,现在尽量在装饰上做减法,把成本降下来,让价格更亲民。另外也有高端路线和公益活动,各方面的需求都要考虑,让锡雕能够更全面地发展。

"清华美院—BMW非遗保护创新基地"传统锡雕项目组作品《流觞曲水》

您对锡雕工艺的创新有什么心得吗？

首先是颜色的改变。传统的亮白色很难被腐蚀，很难上色。我发明了一系列专利技术，改变了锡挂铜的传统，反过来给铜挂上锡。铜的熔点是五百多摄氏度，锡是二百三十二摄氏度，所以锡很容易挂在铜上，铜挂在锡上就很难，我们把它反过来了。现在我的器物有了很多变化，不再是满屋的亮白，也有古铜色和玄铁色的。其次是器型的改变，改变了传统器型不科学或者不实用的地方。比如古人为了密封性好，把茶罐的口做得很小，但是不方便拿取，现在我对这些器型做了一些改进。

石岩 × 辽宁传统锡雕

石岩 × 辽宁传统锡雕

采访实录

石　岩 × 辽宁传统锡雕

您参加"清华美院－BMW 非遗保护创新基地"项目最大的收获是什么?

在清华美院的学习对我有很大帮助,在思想上有了一个跨越,每次听课我都觉得在艺术理念和美学方面有了一定的进步。我们自身的工艺是必须要熟练掌握的,然后再经过导师的指点,能更深刻地理解了创新发展,在跨界上也有了一些尝试。

"清华美院—BMW 非遗保护创新基地"传统锡雕项目组作品《流觞曲水》

石岩 × 辽宁传统锡雕

> 采访实录

"清华美院—BMW 非遗保护创新基地"传统锡雕项目组作品《流觞曲水》

现在的经营模式是怎样的？

我现在在和中国最大的制作公司合作，我们出设计稿，制作公司出流水线进行批量生产，通过线上线下渠道销售。我在设计的时候要考虑怎么拆解设计，保证每个环节的工人技师都能够按照分解的工艺完成。现在有所谓批量生产就不是传统非遗的说法，我个人认为这种做法也是比较合理的。

您认为最大的挑战是什么？

现在最大的挑战就是成本和收徒。因为原料涨价了，人工的成本也在上涨，所以成本比较高。收徒这方面不仅要看个人的天赋，还要看人品。现在很少有年轻人能够沉下心来学习这项技艺，都比较着急。

对于未来的发展您有什么想法？

未来我想建大一点的馆，去教这项技艺。比起剪纸这类工艺，锡雕需要用到很多工具，而且有一定的危险性。现在很多高校有手工艺的课程，像清华美院就有首饰设计专业，其实可以到大学里去传授锡雕技艺，技术和安全等方面都比较可控。

"清华美院—BMW 非遗保护创新基地"传统锡雕项目组作品《流觞曲水》

石 岩 × 辽宁传统锡雕

项目心得

首先感谢辽宁省文化遗产保护中心的各级领导给我这次学习机会,同时感谢 BMW 及清华各位导师。

这次在清华的学习让我在视野、美学、设计、实用功能、市场营销等各方面都有很大的进步。我第一次近距离接触数位汝瓷传承人并与他们结交了朋友,我一直以来就非常喜欢汝瓷,借这次机会得以创作了锡与汝瓷结合的作品"翠云壶承";还与琥珀雕刻传承人陈焕升合作"手卷香筒";与楚氏漆器传承人邹传志合作"楚漆茶仓"……作品实现了多材质跨界合作创新。这次项目结业作品《流觞曲水》是我在导师王晓昕的指导下完成的,作品有如文人雅士纵情山水,作流觞曲水之举,反映出锡器蕴含的文人精神。

"清华美院—BMW 非遗保护创新基地"传统锡雕项目组作品《流觞曲水》

除了跟导师们学习,我还给清华的学生们授过课,我在想,要不是非遗中心给我这次机会,作为一个民间手艺人,怎么能来中国最高学府,给这些天之骄子讲课呢?讲授的同时,我也感受到高校学生仍缺乏动手能力方面的培育,希望今后能有更多机会让非遗传承人在学校里与他们交流互动。

以上是一些粗浅的感悟,与大家共勉,感谢我的几位同学及好友在清华对我的帮助!

石岩 ╳ 辽宁传统锡雕

导师点评

导师·王晓昕

- 2020年"清华美院 – BMW 非遗保护创新基地"传统锡雕项目组导师
- 清华大学美术学院工艺美术系副教授、硕士生导师、金属艺术实验室负责人

清华美院作为全球知名的设计院校,一直在用具有引领性的设计理念和方法为国家、为人民服务。2016年起,清华美院与BMW共建"清华美院—BMW非遗保护创新基地"。基地与非遗传承人、现代商业品牌携手探索非遗保护新模式,对传统工艺进行当代转化与创新实践,创造出一批富有创新性和时代感的作品,发挥了工艺美术在经济社会发展中的重要服务作用。在本次项目中,清华美院的教师和学生们与国家级非遗传承人携手,将传统锡器工艺与现代茶具设计相结合,通过工艺美术创新,推动非物质文化遗产的保护与传承。

中国传统锡器器型多样、工艺精细,具有较强的实用性和观赏性。在商周时期,中国的制锡工艺已相当成熟。宋代以来,锡器的使用已十分普遍,锡茶叶罐等一批日用器具在民间广为流行,锡器工艺也因此成为一个热门行当。传统锡器工艺以制造日常生活用品为主,如茶具、餐具、花瓶等,也曾以礼器的角色出现在一些传统的祭祀场合。文人锡器是锡工艺品发展的最高峰,在文人墨客的案头,锡器的功能已经不仅仅是一件实用器皿,而是拥有了更多的装饰意味和文化内涵的装饰器物。

鉴于中国传统锡器已形成较为典型的形制,本次方案的设计与实践希望更多地融合现代的因素。通过对器型的重新设计将当代艺术的表现方式融入锡器工艺中来,将直线型几何多面体的造型以东方的锡器茶具为载体,体现传统与当代、手工与机械、学院与民间、东方与西方因素的冲突与融合。

设计方案选择宝石刻面琢型作为主要题材,运用符合当代审美的几何切面造型,对传统锡器工艺进行当代转化和创新实践。刻面宝石是人与自然有机结合的产物,它的美既离不开天生的自然之美,也离不开后天的人工之美,这对我们思考人与自然的关系有所启示,对设计也有重要的指导作用。设计方案将刻面宝石的造型形式美与茶具的实用功能相结合,使其融入人们的生活,寻求传统锡器工艺进行当代转化的创新点。

出于对设计题材、作品效果两方面的考虑，王晓昕老师和石岩老师共同商议，选择了 CNC 工艺为主要工艺，结合传统非遗技艺进行创新实践。

创意设计探索了宝石刻面琢型与锡器工艺之间微妙而富有内涵的联系，CNC 工艺印证了这种联系的必然性与特殊性。在材质方面，锡的光泽与宝石炫丽的效果十分类似；在工艺方面，CNC 加工可以使金属材质的表面像宝石刻面一样棱角分明、精致利落，也与刻面宝石的造物原理相同。

本项目中 CNC 工艺的选择顺应了当今工艺的变化趋势；CNC 工艺与传统非遗技艺的结合，为非遗保护另辟蹊径。当今的金属艺术领域，艺术与新技术的联系尤为明显。新兴技术正在悄然改变制造工艺的整体环境，运用数字化技术进行艺术创作已成为当今的重要趋势。传统锡器工艺和传统锡器本身所包含的精神意味和文化内涵需要我们思考和传承，项目找到了锡器与当代生活契合的设计理念与创作方式，将非遗技艺从被动保护变为主动吸收，使其与时代发展相协调，同时运用传统工艺为机械加工融入手工的温度，探索传统非遗技艺与现代机械化加工的结合之路。

实践过程

参数化　　　浇铸　　　切割　　　焊接　　　表面处理

将设计图稿进行 3D 建模，计算出具体尺寸，对整套模型进行参数化处理。

根据计算出的尺寸要求浇铸可实用锡合金材质，增强硬度，保障 CNC 工艺需求、成品使用需求。

将参数化数据录入机器，操作机床对锡和黑檀木进行数控切割，达到规则、利落、精致的效果。

将壶身分体切割的部件进行锡焊，同时衔接黑檀部件与壶身。黑檀与锡营造出鲜明的质感与色彩对比。

将焊缝打磨平整，对 CNC 加工后的表面做整体纯手工抛光处理，在机械加工中融入手工的痕迹，使作品像宝石刻面一样闪耀。

万 WAN
翔 XIANG

× 楚地斫琴

楚式斫琴技艺体现出了我国传统的哲学原理、文学原理、音乐律学原理和精湛的手工技艺。

万翔 × 楚地斫琴

工艺介绍

楚式斫琴技艺源于春秋战国时期的楚国，考古发现，在我国尚存最早的古琴实物均出土于楚国境内的湘、鄂两省。楚式斫琴技艺体现出了我国传统的哲学原理、文学原理、音乐律学原理和精湛的手工技艺，对传承、弘扬我国的非遗古琴制作技艺意义重大。

- 画图
  按图斫制古琴式样

- 开锯
  锯成所斫式样

- 开槽
  按式样去掉槽腹多余木质

- 铣槽
  用各种不同型号斫制工具精细化处理槽腹内不同部位

- 纳音
  在龙池凤沼处雕琢出纳音部位

- 敲击
  用左手提着面板悬空，用右手大拇指和食指不断叩击发音板

- 合底
  把底板与面板合在一起

- 试音
  用专业试音装置不断测试每根弦的音色、弦与弦之间的均匀度、每个徽位的余音长短

- 修理
  根据试音的结果再次调整面板和底板的厚度

- 安装
  把岳山焦尾嵌入琴身

- 存放
  把做好的半成品长时间存放于通风处，让面板与底板融合

- 裹布
  用麻布包裹整个琴身

- 裁剪
  把裹布的琴身精细修剪

- 整底
  用大漆、朱砂、鹿角露混合成液体，通体刮满琴身

- 打磨
  用不同型号的砂纸打磨琴身

- 髹漆
  根据琴的不同要求，反复刷漆、打磨

- 推光
  先用丝绸，再用双手褪去大漆的光度

- 上弦
  按标准音安装琴弦

- 调音
  根据弦的不同性能调整音的弹性度

- 印刻
  在龙池凤沼的下方刻上斫琴师的名字或斫琴坊的印章

传承人简介

万翔

2020 年"清华美院—BMW 非遗保护创新基地"项目传承人

- 非物质文化遗产项目"楚地斫琴技艺"代表性传承人
- 武汉大学古琴文化研究所研究员
- 湖北省漆器制作工艺美术大师

出生于湖北荆州楚地文化发祥地,中国斫琴名家田双琨先生之徒、当代斫琴与演奏兼善的著名古琴艺术家。

万翔 × 楚地斫琴

采访实录

您一直在从事斫琴工艺吗?

我从小接触楚地斫琴技艺,至今应该有四十七八年时间了,正式从事这个技艺是从 1997 年香港回归那一年开始,到现在有二十五年的时间。七八年以前我就有研究和推广斫琴的心愿,在一个学生的支持下,我们在武汉大学成立了一个专门研究古琴的机构,全名叫武汉大学古琴文化研究所。这个研究所的目标和任务是研究古琴的方方面面,包括古琴文化、琴曲和相关的诗词歌赋等。同时还有一个主要的项目,就是研究楚地的地域文化艺术特色。

请您简单介绍斫琴的工艺流程和特点。

在周代的礼乐制度中,礼主要体现在青铜器上,而乐就体现在琴瑟。斫琴是对古琴进行精工细作的一种工艺,它是融汇文化、艺术、音律、美学修养和木工、漆工等技术于一体的综合技艺。楚地斫琴从音色来讲就八个字,哀而不怨,忧而不伤。在髹漆的工艺上,非常讲究大漆双弧的圆润光滑。古琴会用到红色的朱砂和黑色的大漆,红与黑结合在一起,再经过无数遍的髹饰,达到自然呈现的天空云纹、大地青苔和流水段,是匠心独运的工艺美。

您是怎么接触到这门工艺的?

斫琴首先要有木工基础,再经过七八年甚至十年以上的训练,才能从木匠转成斫琴师,这是一个涅槃的过程。另外,斫琴师需要自己学会演奏古琴,自己制作髹漆古琴,所以后来可能从斫琴师演变成为古琴演奏师或者大漆的髹漆艺术工艺美术师。

湖北荆州有一个很有名的古琴大师叫向笙阶,他的音乐已经被《中国音乐大全·古琴卷》收录进去。我父亲是一个木匠,曾经在做工的时候遇到过向先生,他家里有几张古琴,包括宋代、明代和清代的琴,但都有一些破损,就问我父亲可不可以修。我父亲当时也用传统大漆做过家具,就把这件事情答应了下来,修出来向先生也比较满意,就问我父亲喜不喜欢古琴。我父亲是农民出身,文化程度也不是很高,从来没听说过古琴,向先生就鼓励我父亲,说你能把琴修好肯定也可以制作,然后他们就成为朋友,在向先生的指导下,我父亲就开始斫琴。这是我父亲和古琴结下的一段缘分,但是我父亲只会弹几个小曲子,他跟我讲他最遗憾的就是,斫了十几张琴了,弹琴的技艺却不是很高。

我父亲的弟弟音乐水平较高,也是个木匠,我父亲看我叔叔对斫琴很感兴趣,就把这个手艺交给了他。后来我叔叔为了生活去外地打工,这个手艺也没有发扬光大。我小时候跟他们一起做一些木工活,包括弹弓、小玩具等,后来初中就开始学斫琴,到高中因为学习任务比较重,这个事情就暂时搁置了。直到大学,斫琴才作为爱好重新学习起来。

我大学在华中师范大学学习英国语言文学专业,毕业之后我就到深圳的一家公司做外务总办。有一次出差到北京的时候就见到了恩师,我从事斫琴真正的引路人,田双琨先生。我拜师之后就经常到北京向田老师学习斫琴,对斫琴产生了强烈的兴趣,所以后来就离开了深圳,专门和田老师学了三年的古琴制作。

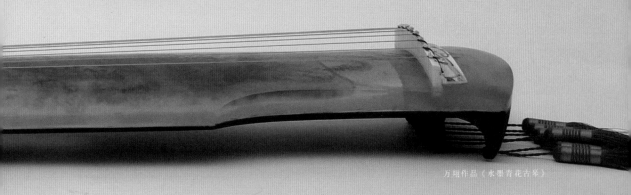

万翔作品《水墨青花古琴》

万翔 × 楚地斫琴

采访实录

「在创新上我们应该守住那些本质的东西,突破点在哪里,这个度一定要把握好,否则就是破坏性的。」

您参加"清华美院－BMW非遗保护创新基地"项目最大的收获是什么?

清华美院的前身是中央工艺美术学院,和我们非遗是息息相关的。清华美院教授的学术水平、美学高度对我们的影响非常大。虽然我只在清华大学里学习了短短一周的时间,但是受益匪浅。我们听到了美院的老师们对整个世界以及中国艺术现状的深思,这对我们的创作有很大启发。在这个过程中我接触到了陶瓷、雕塑等多种艺术,它们的共性就是追求美的高度,表现的形式可以是多种多样的。我们在清华美院集中学习的这段时间,对美的认识方面收获是最大的,以后我也会将这些收获运用到斫琴上面,创作出一些新作品。

万　翔 ✕ 楚地斫琴

万翔作品《水墨青花古琴》

采访实录

万翔作品《水墨青花古琴》

您对于非遗创新怎么看？

这个时代不创新不行，与时俱进这个观点从某些方面来讲是正确的，但是如何创新？这是一个值得探究的问题。我们的创新从美学的角度来看有没有突破，表现在作品上能不能被当代人接受，产生消费行为是创新是否有价值的标准。我自己觉得应该辩证地看待创新，不能过度。以古琴举例，型制经过了几千年的打磨和历史的检验，已经非常经典了。现在年轻人加入到古琴行业，在型制上做了各种各样的创新，不是说不好，只是在本质上有一点颠覆美学的概念。在创新上我们应该守住哪些本质的东西，突破点在哪里，这个度一定要把握好，否则就是破坏性的。

我们在髹漆的颜色上做了一些创新，原来古琴比较素雅，通体以黑色为主，有时候会带一点朱砂红。从审美的角度，我们增加了一些其他的元素，比如矿物质粉、绿松石粉、玉石粉、金箔等，增加了色彩的对比，又不破坏古琴原本的美感。这些作品也经过不断地摸索，开始有点夸张，后来慢慢往回收，将色彩比例、图案纹路等工艺不断改进，最后放到市场上检验。经过一定时间的改进，我们就开始批量生产，随之而来的经济效益也证明我们这种思路是对的。

万翔 × 楚地斫琴

万翔作品《水墨青花古琴》

对于未来的发展您有什么想法？

第一，在斫琴传承人方面，培养三十甚至一百位传承人。但现在有一个需要解决的核心问题：非遗传承人未来能否仅依靠这一门手艺获得很好的生活，如果可以，这个计划就可以实现。第二，我们发现传统文化复兴之后，接受并谈论古琴的人越来越多，根据这个发展趋势，同时考虑到古琴的诗词研究比较少，我们正在以武汉大学古琴文化研究所为牵头单位，用三到五年在这方面做研究。第三，现在有民族特色的文化古城正在兴起，我们准备联合公司，把古琴文化在一个场所里集中体现出来，让人们能够直观感受到楚地斫琴的文化底蕴。

万翔作品《水墨青花古琴》

万翔 ╳ 楚地斫琴

项目心得

清华美院令人神往，是每一个传统工艺制作者梦寐以求的地方。在清华美院的一个多星期，我聆听了不同艺术行业、不同艺术风格的讲座，醍醐灌顶，受益匪浅。

非遗如何保护？如何创新？如何不让非遗变成"非常遗憾"？这是非遗保护面临的世界级难题。清华美院这些年的实践行动似乎给出了这些难题的答案。同时，在"清华美院–BMW非遗保护创新基地"的交流与学习，为我打开了三扇艺术之窗：

一、艺术认识之窗

传统工艺是一门技艺，有技术之巧，更有技巧之魂。决定技巧魅力的是对艺术的认识，艺术的维度不同，决定了艺术的高度不同。清华美院的几位教授反复强调我们对艺术的认识应立足于当下，视野要超越传统，用艺术哲理启迪艺术创作，这种高屋建瓴的艺术观令人豁然开朗。

二、创作之窗

一个器物，如何塑造？创作的意义在哪里？传统技艺怎样灵活运用？应该遵守什么？又应该突破什么？怎么把它带到更高的艺术层次？我在看到马文甲老师的雕塑作品以及刘润福老师的陶瓷作品后，觉得耳目一新。创作不仅要心灵手巧，更要像导师们一样，有一套完整的、成熟的艺术逻辑思维。

三、创新之窗

如何创新？创新如何适应于当下的审美情趣？创新如何引领当下的审美观？创新的成果终需面对市场。市场是俗的，艺术是雅的。雅的价值往往要俗的市场衡量，市场认同艺术创新，艺术创作活动才能延续下去，否则，艺术创作就会尴尬地死去，即使勉强支撑，也是苟延残喘、无比艰难。清华美院的鲁晓波教授引领的艺术创新，不仅为艺术转化成经济效益打开了一扇明亮之窗，而且为艺术的创新铺设了一条光明大道。

期盼能够再次走进清华美院，这座艺术创作的后花园！

万 翔 × 楚 地 斫 琴

"清华美院—BMW 非遗保护创新基地"
楚地斫琴项目组作品《白石伏园》

导师点评

导师·马文甲

- 2020年"清华美院 – BMW非遗保护创新基地"楚地斫琴项目组导师
- 清华大学美术学院雕塑系副教授、硕士生导师

很荣幸在BMW资助的非遗传承人项目中结识楚地古琴技艺传承人万翔老师。在刚刚胜利闭幕的党的二十大报告中,习近平总书记多次强调中华民族传统文化的重要性,明确要坚守中华文化立场,展示中华民族的精神标识和文化精髓。

工艺美术是国民经济发展中的特色产业,是文化强国建设的重要方面。近年来,党和国家高度重视工艺美术发展,推行了振奋人心的传统工艺振兴计划,为工艺美术发展注入了强大动力。清华大学美术学院一系列的平台建设工作与切实的传统手工艺振兴项目,有效搭建了共荣共进的工艺美术发展大舞台。

过去一年,我们相聚于"古荆州",共议古琴中的髹漆工艺在新时代的发展与标准体系的建立。这次BMW非遗人才培养计划可谓是一次针对民间工艺美术的"强基计划"。万翔老师也在此项目中出色地完成了创作,教学相长,收获颇丰。我们组创作的《白石秋园》以大画家齐白石先生的绘画形象为基础,创造了一个意境悠然的漆艺陈设环境,作品的创作目标可归结为以下几个方面:

一是明确方向 展民族大业风采。

中国作为东方文明的主要缔造者,诞生了独特的文化系统与文化形象,经历了生产力迭代、社会变革,乃至生活形态的演变。柔性的中华文明与中国人文精神从未中断,这一点在今天依然如此。中国工艺美术作为中国文化世界识别度建设的重要领域,是中华民族文化的正根儿。工艺美术的发展在积淀厚重的中国文化土壤滋养下,在几代工艺美术从业者的守正创新、前仆后继中,优秀的人才与成果可谓璨如星海。本次漆艺创作的气质要秉承民族大业理念,突出器之所求,亦应其道。

二是开风气 酿潮流。

在新时代,我们要践行习近平总书记二十大讲话精神,明确民族文化精神与价值立场,深挖文化精神的内核与审美格质,凝练传统工艺的价值塑造功能,探寻工艺美术服务社会、进入生活的模式,以发展的眼光审视传统手工艺的航标。在传统经验与传承方式中梳理规程与质量标准,有效践行文化强国,为髹漆工艺创作发展建新功、开新局,顺应文明之潮,回应时代之问。

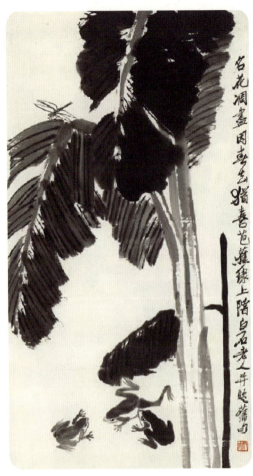

创作灵感来源

三是明确担当 兼容开放 。

中华民族的文化有着强悍的自我革新能力，在中国文化发展中历经中西轨向变换，道统辨讥，却仍原地踏步。现代著名学者冯友兰先生谓之"旧邦新命"，同样契合当代工艺美术的发展命题。当代髹漆工艺创作应秉承新旧合冶的原则，以科学发展的眼光与顺应时代需求的理念，检索传统工艺与经典中的核心问题，以及其中浸润的工艺精神。

最后，希望万翔老师今后的创作之路能更好地平衡艺术价值与市场标准，使得髹漆古琴作品引导塑造当代生活方式成为可能。这不仅意味着要立足于服务人民生活，而且要创造更富于文化品质与民族风范的当代生活观。

也祝愿"清华美院— BMW 非遗保护创新基地"同人踔厉奋发，勇毅前行。

杨帆
YANG FAN

× 阜新玛瑙雕

阜新玛瑙雕刻工艺门类齐全，素活工艺在同行业中处于领先地位。

杨帆 × 阜新玛瑙雕

杨帆 × 阜新玛瑙雕

工艺介绍

辽宁省阜新市是中国四大玛瑙产地之一，玛瑙雕刻工艺享誉海内外。玛瑙属中档宝石，具有多种天然色彩和条带花纹，是雕刻的理想材料。制成一件精美的玛瑙玉件要经过选料、剥皮、设计、抛光、初雕、细雕和配座七道工序。阜新玛瑙雕刻工艺门类齐全，素活工艺在同业处于领先地位，其中打钻掏膛、取链活环、肩耳制作、透雕活球、装饰雕刻等技艺为其特有的绝活儿。

雕刻工具

传承人简介

杨帆

2020 年"清华美院— BMW 非遗保护创新基地"项目传承人

- 非物质文化遗产项目"阜新玛瑙雕技艺"代表性传承人
- 高级工艺美术师
- 中国青年玉雕艺术家
- 辽宁省玉石雕刻大师
- 国家一级 / 高级技师

杨帆设计的玛瑙作品独具特色，构思不拘一格，在继承传统玉雕工艺精雕细琢的同时，也具备现代艺术的创作、制作水平，作品工艺细腻精湛，更富有积极进步的时代气息。杨帆的每一件作品都追求完美，力求做到设计创意与作品材质达到最完美的结合。2008 年至今，杨帆已有上百件作品在全国各类工艺美术及玉雕类评奖中斩获金银铜及最佳创意等多个奖项。

「非遗不能只在家庭里面做,或者放到博物馆去展览,我们要让非遗变成生活的一部分。」

杨帆工作照 精雕

杨帆 × 阜新玛瑙雕

采访实录

杨帆作品《梅花水洗》

杨帆作品《双耳狮子三足炉》

阜新玛瑙技艺的工艺流程和特点是什么?

玛瑙是所有已知的玉石材质里面颜色最丰富、花纹最多样、也是最不能在原石去皮前分析出内部颜色和纹理的一种玉石石材。阜新玛瑙雕刻的工艺流程主要有七道工序,分别是选料、去皮、设计、切坯、精雕、抛光、配座。

阜新玛瑙的技艺特点有四个。第一个是巧,设计的时候构思要巧妙,雕刻的技艺要精巧,要能充分地利用天然的颜色。第二个是俏,利用玛瑙天然的颜色和纹理,进行合理的创意和设计,从而把作品整体的效果展现出来。第三个是绝,作品完成之后给人以强烈的艺术感染力和震撼的视觉效果,又具有很好的赏玩价值。第四个是雅,作品的格调不仅高雅,更要含有丰富的文化内涵,表现当代人的审美情趣,给人以乐趣的同时体现出传统文化的寓意。

您从什么时候开始接触玛瑙雕刻?

我从事玛瑙雕刻这个行业已经二十一年了。在我出生之前,我的父亲就一直在从事玛瑙雕刻的工作,我算是子承父业,从小学四、五年级就开始接触绘画,一直到高中都没有停过。我主要画的是国画,以及针对雕刻行业的相关绘画、线描等。

阜新玛瑙雕刻的传承模式是什么?

除了家族传承之外,我们也有一个以加工制作玛瑙为主的工作室,会培养一些学徒,让他们从零基础开始学习玛瑙雕刻,包括造型设计。

杨帆 × 阜新玛瑙雕

采访实录

杨帆作品《龙凤杯》

您参加"清华美院 – BMW 非遗保护创新基地"项目最大的收获是什么?

在这个项目中,我学到了一些现代的学院派,包括现代主流的设计理念。因为我们这个技艺是手工雕刻,大部分的设计创意都来源于中国传统文化,比较倾向于传统图案和传统题材。还有一部分是会仿制古代的艺术珍品,比如用玛瑙雕刻复制一些博物馆青铜器和陶瓷类器皿。这次课程有很多不同学科和方向的清华美院老师给我们授课,让我接触到了之前没接触过的设计新理念,比如不拘泥于材质,只求在工艺上进行设计和创意。这是非遗传承和发展的新方向,打破材质和工艺的桎梏,去挖掘更新的、更能被现代人接受的非遗作品。

您有什么关于非遗创新的心得可以分享吗?

我觉得现在还是在理念上的创新,很多非遗都是手工艺,在我们这个做非遗的群体里面,很难接收到主客观两个方面的反馈,包括现在流行什么、主流的设计理念是什么、我们能做什么,这些都是以前我们接触不到的。现在很多的非遗传承人都有这样一个误区,觉得创新了,我这个技艺就不算非遗了。我们在跟清华美院的老师和 BMW 的负责人交流之后,大家在观念上有了一个转变,就是创新和传承发展是息息相关的,非遗技艺本来就是经过了一代一代人的创新发展才到今天,并不是一成不变的传下来,而是一直在进步的。创新就是利用现代的工艺技术和创新理念去创作非遗作品,让非遗更适合现代社会的发展,让它成为大众的东西。非遗本就是民间的,是社会一直留存的东西,非遗创新之后会吸引更多的年轻人来从事这项技艺,这些新鲜血液进来之后,就能让这个技艺更好发展下去。

杨飒作品《长根歌》

采访实录

杨帆 × 阜新玛瑙雕

您觉得现在非遗面临的最大困难是什么?

近几年也是因为疫情,所有的传承人都会面临一个问题,就是好生存不好发展。现在年轻人通常的想法就是我要从事一项能够赚钱的工作,除了满足生活需求之外还要享受生活,只有少数的年轻人想去接触一项技艺。他们可能会看到大部分的传承人是在维持生计,没有太好的发展。学习非遗的年轻人会说干这个又苦又累又赚不到钱,还不能得到社会的认可,我为什么还要干这个,这是所有非遗传承面临的问题。

杨 帆 × 阜新玛瑙雕

杨帆作品《北国风光》

杨帆 ✕ 阜新玛瑙雕

采访实录

对于玛瑙雕刻技艺的未来发展您有什么想法？

我们利用现在的手工雕刻技艺制作了很多玛瑙实用器皿，有仿制全国各大博物馆的古代玛瑙精品，比如茶周边。之前我们做的基本都是工艺品摆件，主要是以陈设为主，要有一定文化内涵的人才会懂得其中的意境和故事，对购买的人群有局限，这种就不适合大规模制作。我们在清华美院参加项目的时候，老师告诉我们一定要让作品流向社会，让社会去反馈作品的优点和缺点，以便之后更好地去创作和发展。这两年我们也在尝试通过直播行业把自己的作品推向社会，做了茶的周边产品，包括一些实用的茶杯、茶具。制作方法主要分成两个方向，一种是纯手工的，会从原料上选择更好的花纹、更漂亮艳丽的原料，

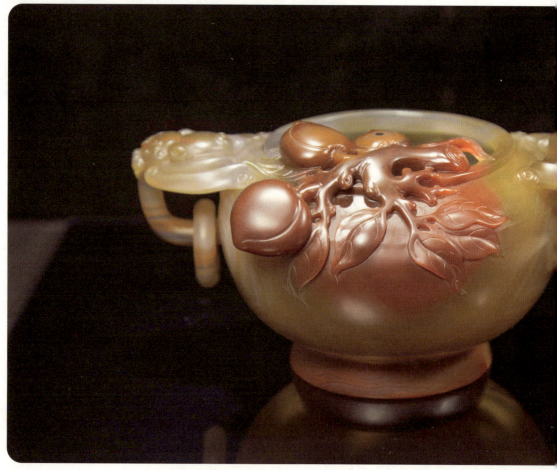

杨帆作品《福寿如意炉》

既实用也适合收藏。另一种就是半机器半手工的，也是为了迎合大众市场，以较低的价格在市场上流通。这样既没有舍掉我们原本擅长的手工雕刻，又能把产品大规模推向市场。

未来我们准备在现有基础上，对产品设计和工艺细节做进一步思考。有时候，不懂行的人也会分辨出好的作品与普通的作品，这是人的视觉感受。我们会去开发一些迎合当代市场的作品，既能用又能欣赏。另外，在产品的推广上面，我们会下更大的功夫去寻找多方平台和渠道展示我们的技艺和作品。

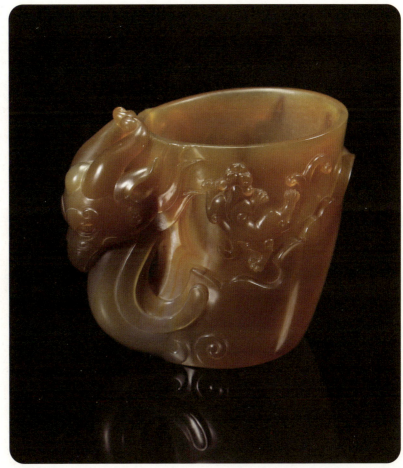

杨帆作品《玛瑙凤首觥》

杨帆 × 阜新玛瑙雕

项目心得

首先非常感谢 BMW 和辽宁省非物质文化遗产保护中心的这次活动，给我们进入清华大学美术学院这样国内顶尖美术学院深度学习提供了机会，感谢为这次活动顺利进行而付出的所有人。经过学习我个人有深刻的感受：

第一，清华大学美术学院是原中央工艺美术学院，中央工艺美术学院是国内唯一一所设有工艺美术学系的高校，是我们工艺人非常向往的一所学校，所以这次学习真是三生有幸，圆了我们一直以来的梦想。

第二，此次研培计划有别于以往工艺美术门类及非遗项目地研培计划，以往的非遗研培计划大部分都是邀请各个高校或者行业的老师来讲课，最后的结业作品还是回去按照自己的工艺方法和形式去体现，这次我们经过了几个月的学习，更多是领会学院导师的艺术思想，沟通一致后用非遗的工艺去展现，美中不足的是由于各位导师平时在学校的课程较多，后期的结业作品沟通得不够充分。

第三，课程的时间安排紧凑，前期我们是并班学习，主要集中于瓷器方面，后期由清华大学美术学院的各位导师带班学习，培训学习的这段时间基本上是上午、下午及晚上都有课，学习强度也很大。在学习的过程中，为我们上课的老师、教授、专家都是各个不同专业的老师，使我们能接触到很多跨行业的知识，对今后自身的非遗技艺传承以及发展等工作有非常大的帮助。

第四，此次的研学活动，让我开阔了视野，认识到阜新玛瑙雕这项非遗技艺，不能拘泥于题材、文化等各方面的限制，要把非遗技艺的保护与发展放到第一位上，如何保护，如何发展要深入去研究、去探索，要深挖中国传统文化的根，融会贯通后融入我们今后的创作，并在现代艺术中探索新的发展方向，让非遗落地，融入每一个人的生活。

第五，研学成果的结业作品是几枚玛瑙材质的手工雕刻螺丝和螺母，以及两枚 BMW 轮胎的标准螺丝，当中运用了阜新玛瑙雕的套口工艺，与现代装置展示相结合的方式，是一种新的探索，并由此可以衍生出许多文创产品。基于螺母与螺丝环环相扣的关系，植入中国传统文化中的爱情故事，也可作为一种首饰佩戴。

"清华美院—BMW 非遗保护创新基地"
阜新玛瑙雕项目组作品《可能失落或未曾出现的文明》

杨帆 × 阜新玛瑙雕

项目心得

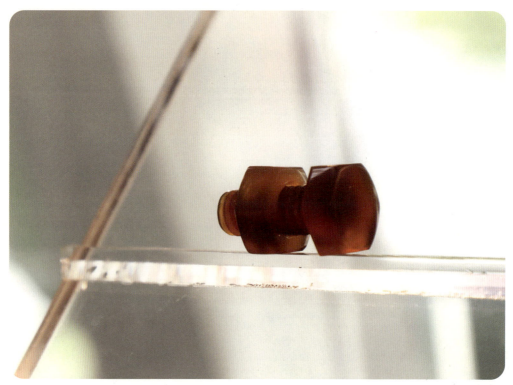

"清华美院—BMW非遗保护创新基地"阜新玛瑙雕项目组作品《可能失落或未曾出现的文明》

第六，我是比较传统的"艺二代"，是接过父亲手艺接力棒的国家级非遗代表性项目阜新玛瑙雕传承人，是非遗传承人队伍中的新兵，我在父亲日复一日对玛瑙的切磋琢磨的氛围中成长，也习惯于在柜台销售、主播带货的环境中自由转换角色，对我而言，"卖玛瑙"只是一项简单的生活方式。可经历了清华的学习之后，我的灵魂受到了洗礼！玛瑙雕是一项国家级非遗，在阜新有数以万计从事玛瑙雕的人员，唯独我有幸进入清华深造雕刻技艺，与其说是我个人的学习经历使然，莫不如说是对我们这个群体的认可，当然他们也无比艳羡于我。此次研培有别于其他工艺美术类培训，作品不再是"单向"的完成，而是与最高学府的专业导师一对一互动交流完成，我感受到了大家对手艺人的尊重，我用家乡阜新的玛瑙叙述了老工业基地辽宁的产业故事，这个主题和这个创作于我而言既沉重又自豪，同时我也收获了手艺人的社会地位和荣耀。

最后，真诚地感谢辽宁省文化遗产保护中心的推荐，使我们有这样的机会接触国内顶尖的文化艺术，感谢"BMW中国文化之旅"十五年来对中国优秀传统文化的大力支持，感谢清华大学美术学院导师们的谆谆教导，以及所有为此次研培项目顺利实施而付出努力的各位老师。

（部分文字摘自辽宁省文化遗产保护中心公众号推文《"非遗+"创新保护实践 辽宁非遗沪上开展》）

导师点评

导师 · 宿志鹏

- 2020 年"清华美院 – BMW 非遗保护创新基地"阜新玛瑙雕项目组导师
- 清华大学美术学院雕塑系副研究员

我参加的这一届"清华美院—BMW 非遗保护创新基地"项目,适逢新冠疫情最为严重的 2020 年,BMW 选择了受疫情影响最严重的湖北和作为东北老工业基地的辽宁,邀请这两个地区的非遗传承人来参与这个项目,其本身就彰显了 BMW 企业的社会责任和社会担当,我作为一名清华大学的教师参与这样的合作,感到与有荣焉。

同我合作的阜新玛瑙技艺传承人杨帆,他与我年龄相仿,子承父业,自幼耳濡目染学习传统技艺,并已经实际承担起了家族玛瑙企业的管理、运营、研发等几乎全部的工作。作为一名技艺成熟且经验丰富的青年企业家,他在看待工艺的问题上,眼界开阔且有自己一套完整的价值标准,他在与"非遗"相关的话题上始终保持着自己独立的思考。

由于我们的成长都经历过国企改革的特殊历史阶段,又恰巧都还有共同认识的朋友,对于很多问题的探讨很容易形成共识。基于我们对东北地区转型过程中经历的种种阵痛的认识,我们将创作的目光聚焦于向工业文明致敬,结合"考古"、"遗址"和"发掘"这几个关键词进行组织,为最终呈现的作品将来转化成为产品留足线索。

赴阜新杨帆工作室实地考察

邹传志
ZOU CHUAN ZHI

× 楚式漆器髹饰

其造型奇异,诡秘而浪漫,稍大点的器物多采用榫卯组合。制作漆器大多以楠木和樟木为胎,巧结妙用。

工艺介绍

邹传志 × 楚式漆器髹饰

楚式漆器髹饰技艺始于商代,盛行于春秋战国时期,是中国古代物质文化中独领风骚的一朵奇葩,承传流变于历朝历代。

其造型奇异、诡秘而浪漫,稍大点的器物多采用榫卯组合。制作漆器大多以楠木和樟木为胎,巧结妙用。其通常以黑色大漆为底,以红、黄、金等色加以绘饰,图案多以变形的龙凤等神兽为主,纹饰细腻繁复,流畅不滞,美而多变,千年不朽。

这些漆器充分吸取了荆楚文化艺术的雕琢、髹漆、镶嵌、针刻、彩绘等传统技法,既美观实用,又具有极高的审美和收藏价值。

邹传志作品《曲水流觞茶具》

传承人简介

邹传志

2020 年"清华美院— BMW 非遗保护创新基地"项目传承人

- 非物质文化遗产项目"楚式漆器髹饰技艺"代表性传承人

出生于楚式漆艺世家,邹传志钟情于传统文化,自幼耳濡目染。父亲是国家级代表性传承人邹德香,中学时随父从事楚式漆器文物复制工作,至今从艺已有三十余载。在漫长的艺术创作实践过程中,邹传志不断潜心思考和钻研,秉承物以载道的创作理念,将历史文化传承、实用性和艺术性融为一体,作品获得多项国际奖项荣誉并被多家国际机构收藏。

邹传志作品《曲水流觞茶具》

采访实录

邹传志 × 楚式漆器髹饰

可以介绍一下楚式漆器髹饰技艺吗?

楚式漆器有着几千年的历史,考古人员曾在我们湖北荆州马山镇发掘出一些漆器,上面的图案仍然清晰可见。在清末的时候,楚式漆器还参加过万国博览会,得到了很高的赞誉。

您是怎么接触到这门技艺并开始学习的?

我是在高中毕业后就随父亲在荆州博物馆从事文物复制工作,在工作中接触到了楚式漆器,当时我就被楚式漆器那多彩的图案给吸引住了,也就由此产生了兴趣。

邹传志 × 楚式漆器髹饰

"我们所传承的非物质文化遗产其实是一个民族乃至一个国家的历史文化,是能够让一个民族紧密关联的文化财富,也是我们与祖先之间的情感桥梁与纽带。"

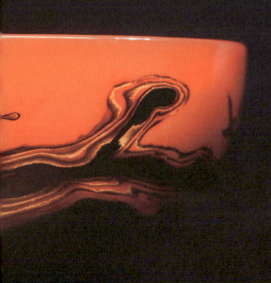

邹传志作品《狩猎纹漆碗》

采访实录

记得您是在2020年参与了"清华美院 - BMW 非遗创新保护基地"项目,在项目中您有什么收获吗?

通过这次项目,我了解到一些其他的非遗技艺,很大程度上拓宽了视野,对于艺术的鉴赏方面也有了新的思路,还尝试了一些艺术的跨界合作;更重要的是意识到我们所传承的非物质文化遗产其实是一个民族乃至一个国家的历史文化,是能够让一个民族紧密关联的文化财富,也是我们与祖先之间的情感桥梁与纽带,是我们中华民族立于世界之林的精神基石。

您在项目中与清美导师合作,设计了"对话"和"熊出没"这两件作品,和您以往的作品有什么不一样的地方?

以前我们主要是做传统造型,这次学习使我开阔了视野,尝试了跨界合作,将传统楚式漆器中的漆艺、纹饰、色彩与现代3D数字木工雕刻结合在一起,最终呈现出了非常大胆且创新的作品。

楚式漆器的传承现状如何?

现在的非遗传承经常会遇到青黄不接的问题。很多学习技艺的年轻人耐不住寂寞,或者心气高,不愿意去学习,他们最在意的就是,在我这里学习,一个月能拿多少钱?以往我们学艺的时候,都是要给师父交学费的。如果我们这一代人以后干不动了,就很难再把技艺给传递下去。

"非遗进校园"让更多学生去了解、学习传统技艺,您觉得这对非遗传承是否有所帮助?

对,我现在正准备做这种发展模式。我们会在学校里通过筛选的形式,每批安排十个人到我这边来学习,在学习过程中观察他们,一是要喜欢我们的楚式漆器;二是看品性,要耐得住寂寞;三是看天赋。来这边学习的年轻人,经过挑选后,最终会留下三四个人进行重点培养。

邹传志 × 楚式漆器髹饰

邹传志 × 楚式漆器髹饰

楚式漆器的主营市场一般是哪个方向的？

有装饰品，也有跟日常生活接轨的，比如我们开发的楚式漆器茶具、香炉，还有电子产品，这种能够融入生活的产品更容易被市场所认可，也更容易走入年轻的消费群体。

对于非遗活化、非遗走入现代生活的理念和实践，您有什么心得？

我目前就是打算将传统的楚式漆器工艺与现代人讲究的实用性、舒适性和时尚性结合起来。现在做楚式漆器的人越来越少了，这对我来说也算是一种机会，未来我打算去日本继续深造，将楚式漆器与精工、宝石相结合，开发时尚饰品。

邹传志作品《凤纹花瓣形托盘》

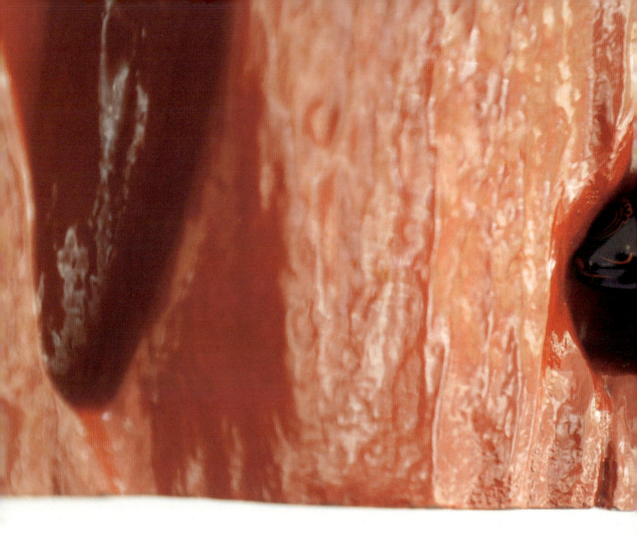

您提到要去日本学习,具体是去日本的什么地方?日本在漆器保护与发展方面有什么值得我们借鉴的地方吗?

我打算去京都。日本的工匠精神是很值得敬佩的,他们不管做什么都要做到极致,这也是我所追求的。我做的每一件产品,成本都是同行的好几倍,我身边的一些人就会问,你为什么要付出这么大的代价?你拿什么去跟别人竞争?我就告诉他们,我要么不做,要做的话就要做到极致,我希望我的产品最终能成为国礼,这就是我的追求。所以去日本学习他们技术的同时,也要学习他们追求极致的工匠精神,与我们的楚式漆器结合起来,与国际接轨,把楚式漆器推向一个更高的平台,让更多人了解到我们的楚式漆器。

是否考虑通过网络电商的形式,让楚式漆器进入大众视野?

对,我现在也在做电商,开了淘宝店,多多少少还是有一点效果的。

邹传志 × 楚式漆器髹饰

"清华美院—BMW非遗保护创新基地"楚式漆器髹饰项目组作品《熊出没》

近年来国家政策大力支持非遗发展，您有什么感触吗？

从前我们不管走到什么地方，一旦被人知道是个做手艺的，总觉得抬不起头来，但现在国家对非遗越来越重视，给我们提供了很好的宣传平台，非遗在社会上获得了一定的地位，我们也就比以往要自信些了，在自信的同时，也就更加喜欢做这一行，非遗发展形势是越来越好了。

未来三至五年您有什么规划吗？

我打算让我们传统的楚式漆器尽可能走入寻常百姓家。

采访实录

邹传志 × 楚式漆器髹饰

为了让消费者购买到有一定质量保证的产品,您是否考虑过楚式漆器的产业化发展?

我是有这种打算,并且也在做这方面的尝试。很多平台都看好我们的楚式漆器,但要想售卖就必须要有一定的储备量,如果从头到尾都是我们自己做,那是不可能量产的。所以现在我会把每个工艺环节分解开来,我先来打样,做好样品后交给工厂,包括髹漆,都让工厂严格按照我的标准制作,我们这边就负责深加工环节,简单的部分交给我的学生,在这个过程中锻炼他们,精细的部分就由我自己来制作。这样一来就可以实现批量化生产,也便于走向市场。在以前,每当有人找我们购买楚式漆器,从头到尾都是我们自己制作出来的,成本非常高。如果走批量化生产,成本价格就能降下来,也更加容易被人接受,同时能够加大我们楚式漆器的对外宣传力度。

"清华美院—BMW 非遗保护创新基地"楚式漆器髹饰项目组作品《对话》

邹传志 × 楚式漆器髹饰

项目心得

我叫邹传志,来自荆楚文化的发祥地——湖北荆州。有幸作为"楚式漆器髹漆技艺"的非遗传承人,参加由清华大学美术学院与BMW联合主办的"非遗保护创新基地"项目。虽然学习时间短暂,但学习内容丰富,收获颇丰,也深有感触和体会:

一、保护到传承、传承到发扬光大,任重道远

一方面,中国作为非物质文化遗产的大国,为非物质文化遗产保护传承开启了新的局面;另一方面,经济建设和国家发展的速度客观拉大了"非遗"与现实生活的差距。在这样的形势下,我个人认为非物质文化遗产的保护与传承存在很大的现实困难,通过创新发扬光大中国文化重要载体的"非遗技艺",更是任重道远。

就我个人的经历而言,我们家族开始制作楚式漆器是以谋生为主,后来逐步进入了地方的非遗保护序列,同时开始转变方式,开发和生产以楚式漆器为主的文化旅游产品。各级非遗传承主管部门给予了各方面的鼓励和支持,也赋予了我们传承、保护的责任和具体任务,寄希望于以师徒传承的方式,在保护传承的基础上,发扬光大这一荆楚历史文化的瑰宝。从道理上讲没问题,现实却相当骨感。生存的问题虽然有改善,社会地位也有所改变,但作为非物质文化遗产,它的价值与它应该有的社会地位、文化商业价值相去甚远,全社会认同下的传播效率依旧相对低下。十多年来这个问题一直困扰着我。

"清华美院—BMW非遗保护创新基地"楚式漆器髹饰项目组作品《对话》

"清华美院—BMW非遗保护创新基地"楚式漆器髹饰项目组作品《熊出没》

邹传志 × 楚式漆器髹饰

多次参加"走出去、请进来"的各级各类的非遗技艺交流学习，包括这次的学习，一边学习，一边听老师讲、看老师做，深感自己如井底之蛙。虽然也做不少的"佳作"，被各地博物馆、企业收藏，获得很多褒奖，也有很多荣誉加身，但这些带来更多的压力和思考，远不是"做好自己"就能够释怀的。何况回头再看自己的作品，还有很多不尽人意的地方，从作品立意、设计、确定主题到制作出品，或多或少算不得完美，也还达不到令自己真正满意的程度。要带动社会文化创意产业、让非遗技艺真正走进生活、让楚式漆器走进千家万户，我个人是实实在在感受到"任重道远"。我们这一辈不可能让"楚式漆器髹漆技艺"成为橱窗里的摆设和历史故事，故必定选择负重前行。

二、发扬光大非遗技艺要靠创新

在这次学习期间，有幸得到杨佩璋老师亲临工作室重点指导。他偶然看见我的工作室墙角有两块近乎腐朽的木料，便开始琢磨起来，有意提示和启发我，在讨论中建议我们就这两块木料进行合作创作。在杨老师的指导下，历时四个月，两件出乎意料的作品赫然出现在我们面前，充分体现了杨老师的思维高度和文化修养，已不是简单的"化腐朽为神奇"，更不是我以往根雕的那种观察角度和创作思路，使我豁然开朗，这背后是个人文化修养和一双支持创新的慧眼！我也从中得出经验，发扬光大非遗技艺，除了靠一双手，更要靠一双慧眼、发现美、创造美，由此形成创新的方法，是我这次学习的重要收获。

在学习中我们领略了佛教造像和雕塑艺术传播中的文化交融和创新借鉴，对中西方文化差异中的艺术价值有了一些粗浅的认识。

199

项目心得

从工匠出生的父辈到我们这一代,以生存为目标做活,偶尔也会别出心裁去做一些新的尝试,这些从实践中来的创新意识,都只是处在萌芽阶段的族群基因、对美的追求中偶尔出现的灵光闪现,当然也包括学习和借鉴一些可参照的艺术作品。对所谓"创新"感到既陌生又熟悉,不知就里,在很大程度上限制了很多非遗技艺传承人和工匠的创新发展空间。内容丰富的课程也是我产生了一些联想,既然我们选择了发扬光大中国非物质文化遗产的事业,就不能只是停留在简单劳动和重复制作的层面,只有创新才是我们做好非遗传承、保护和发扬光大的必由之路。

三、创新的思想源泉来自优秀的荆楚历史文化

就我个人而言,从事漆艺创作的直接需求告诉我,创新需要思想基础和系统理论的支持。作为生在荆州长在荆州的地道"楚人",除了民族文化基因里的血脉在身上流淌之外,还有荆楚文化氛围下生活场景的耳濡目染,先前的作品或多或少可以体现这些显而易见又略显质朴,有时甚至是直接模仿复制的"文化底色",我之前的认知和作品仅限于此。

看过众多大师的作品,听过清华老师们的讲座,我体会到要从自己从事的这门"楚式漆器髹饰技艺"产生的土壤里找答案。

20世纪90年代在荆州阴湘城古遗址出土了一把大溪文化的漆钺木柄,距今七千多年,它带给我们的信息,是新石器时期晚期的人类艺术在大漆中的具体表现,是生活中的礼仪,也是先楚原始文化和三苗文化的一部分,算得上长江中游、江汉地区漆艺的渊源。

到了楚文化的鼎盛时期,大量楚式漆器的使用,显示了荆楚历史文化的绝对高峰地位,那些无名的漆艺工匠们留下了堪称"惊艳绝世"的艺术品,无数创新成果在中华文化中占据了"举足轻重"的地位。这次学习尤其加深和肯定了对自己民族优秀历史文化遗产的确切认知。由此我想起一位老师给我的提示:荆楚文化一定是我们一切艺术创作的思想和灵感来源。如果您参观过这几处博物馆一定会有和我一样的感受!

在这里的学习体会,是从事漆艺非遗传承事业的一个阶段性小结,也为自己今后的发展厘清了思路、确定了目标。首先,我开始着手建立属于自己的创作思想和理论架构,不断充实和积攒"敢为人先"的创新原动力,向前人学习、向同行学习、向姊妹艺术学习、向时尚学习、向当代大师学习,同时做好传承,告诫学徒和后来者,做好自己的手艺是一切的基础,做好自己才有可能为未来规划和提升提供支持。其次,要以楚人"海纳百川"的全方位开放心态,学会合作、创新、开发、推广,引领楚式漆艺保护、传承、发扬光大。

"清华美院—BMW 非遗保护创新基地"楚式漆器髹饰项目组作品《对话》

邹传志 × 楚式漆器髹饰

导师点评

导师·杨佩璋

- 2020年"清华美院 – BMW 非遗保护创新基地"楚式漆器髹饰项目组导师
- 清华大学美术学院工艺美术系副教授、硕士生导师

"清华美院—BMW非遗保护创新基地"研修班课程主体包含两个部分，即理论课程与实践课程，理论课程由清华美院组织各位导师集中讲授艺术审美、艺术理论等，通过提升学员的眼界激发出新的灵感和思想，实践课程由导师和学员以分组合作的方式共同完成作品，将课程中导师和学员讨论的创意落地实施，最终展示作品成果。

我的合作学员是楚式漆艺传承人邹传志先生，他出生在漆艺世家，已经从事漆艺行业三十余年，有着十分丰富的创作实践经验，在合作过程中也使我获益良多。从人才培养的方面讲，学院派的设计师和属于家族承袭式的传统工艺在理念和创作方式上有很大的差异性。在我看来，这种差异是良性的，家族承袭式的传统工艺在技巧方面有优势，往往能够将一种或几种传统技巧运用得十分娴熟，甚至做到了极致的程度，这是传统工艺美术发展必不可少的技术手段，也是非物质文化遗产中的保护对象之一。清华美院的办学宗旨强调个性与创新，因此，学院的老师更多从审美的层面出发，从艺术的角度出发，注重创新意识，讲求与时俱进的艺术创造，虽然具有较强的实验特性，但是并不意味着脱离设计服务于人民生活的理念，"清华美院–BMW非遗保护创新基地"研修课程正是秉承这种理念，在继承传统工艺技术的同时，把握时代脉搏，追求人民所需，力图将传统工艺技巧与时代审美下的艺术理念和思想融合在一起，形成二者兼容，具有新时代特色的工艺美术产品。

我与邹传志老师的合作项目是楚式漆器髹饰，作为楚文化的重要内容和最鲜明的文化符号，楚式漆器髹饰夸张奇异的造型、多彩灵动的图饰、神秘奇特的风格和奇巧精湛的制作工艺，汇聚了楚文化强烈的浪漫主义色彩，是大漆髹饰技艺中独具文化特色的代表性非遗项目。在探讨之下，我们以中国传统文化中的楚辞与老庄、浪漫主义与自由精神相结合，以楚式漆器历史、工艺、纹饰、造型及色彩为载体，力图兼具作品的应用性、功能性与艺术表达，将立体雕塑、壁饰、摆件等多种艺术形式融合在一起。因此，在工艺方面我们结合3D数字木雕胎体与手工髹漆、贴金、彩绘相结合的方式，希望能够将现代工艺与传统特色工艺结合在一起，创作出既符合现代审美又传承传统工艺的作品。

与邹老师合作的《对话》和《熊出没》两件作品分别选取了楚文化中具有吉祥寓意的动物形象，让它们与自然的木质形态结合，表达动物在自然界中的空灵意境，在风格上能够体现楚式漆艺灵动、神秘的艺术特色，在题材上则体现人与自然和谐共处的美好愿景，在形式上可以拆解为单独的艺术单体，进行文创产品的展示与销售。通过本次与非遗传承人的合作与研发，我们实现了手工艺制品"形"的细节化和生动化，提取的色彩符号尽量趣味化，将场景设定的更加广泛，探索家装、挂饰、摆件等领域，为楚式漆器髹饰工艺融入生活做了尽可能的努力。

国家一直对非物质文化遗产保护很重视，许多非遗项目都得到了保护和推广。但是在非遗产业化转型和发展方面，行业内仍然存在许多不足，例如，传统工艺的实用器皿在功能上与现代生活脱节，社会环境变化了，而与之相对应的设计仍然承袭传统模式，甚至在某种程度上呈现出守旧的状态，这也是众多非遗传承人存在的困境之一，往往一改动可能会流失传统工艺的美感和精髓，不改动又无法适应现代社会生活。因此，与生活日用关联较大的工艺门类应当兼顾功能、材料、审美，对传统器物的造型、图式进行创新，以协同创新的方式开展新产品的研发。例如，王晓昕老师与辽宁传统锡雕非遗传承人石岩合作的《流觞曲水》采用几何切面造型制作锡雕壶，呈现出如钻石般华丽的效果，在我看来，这是对传统锡雕的颠覆性创造，不仅兼顾了当代人审美和使用的双重需求，也使得今时今日的"流觞曲水"在传承中有了新的文化意味。

以漆艺产业为例，漆工艺传承在群体规模、漆器市场与应用领域方面都具有优势，未来会有较大的发展空间。同时，漆艺行业也存在一些困境，随着社会的发展，有些传统工艺与当代社会生活已经不相匹配，也较难满足现代人的审美诉求，传统的漆工艺也存在审美缺失、创新性不足等问题。因此，本课程更偏重设计创新和审美引导，希望为学员提供开阔视野、解放思想的窗口，在作品设计上提倡创新和传统技艺的融合、艺术和民用双线并举的思路。这也是当下漆艺发展两条路径：一是以审美品位为引导，顺应当代审美趋势，创作出具有时代思想的创新性艺术作品；二是以传统工艺为依托进行创新性发展，利用当代技术满足日用需求，设计提升当代人生活品质的漆艺产品。两条路径的发展并不矛盾，反而是相辅相成的，如设计师或艺术家与非遗传承人之间是相互促进和补充的。两条路径共同发展，从满足人民物质生活和精神生活的两个层面考虑，使优秀的传统工艺美术焕发活力，也为民族和国家文化的发展助力。

非遗文化基因

非物质文化遗产的坚守与传承

田 TIAN
静 JING

× 建水紫陶

汉文化与边地少数民族文化的碰撞，使得建水紫陶在窑开遍地的中华大地独树一帜。

田 静 × 云南建水紫陶

田静 × 云南建水紫陶

工艺介绍

云南建水自古便是人杰地灵之地,自唐以降,筑城于兹,雄镇滇南,已逾千载。汉文化与边地少数民族文化的碰撞,使得建水紫陶在窑开遍地的中华大地独树一帜。历经千年光阴,瓶、炉、瓯、盂、罐、钵、壶、汽锅、烟斗……儒、释、道的精微甚深藉由建水紫陶这个载体,留下的不仅是"斯文在兹,上善人家",还是古典中国之美的具象与彰显,随着一件件器物沉淀于日常。

陶之初,是为土石,土石为坚,得水而柔,曲成万物,造化之心也。清人朱琰著《陶说》言道"土细,料细,工夫细,则无蠢糙污滓之患"。为绝粗糙污滓,建水紫陶烧制技艺自成一脉,"淘泥十二炼""成型七十二技""冶陶二十四法",共计一百零八道工序被誉为业内最复杂的制陶技艺,一代代口传心授,使得建水紫陶窑火不熄,传承至今。

建水紫陶制作

传承人简介

田 静

- 非物质文化遗产项目"建水紫陶烧制技艺"代表性传承人
- 全国政协委员
- 云南建水紫陶"陶茶居·田记窑"品牌创始人

田静17岁开始学习紫陶烧制,2009年带第一批徒弟,2018年成立紫陶技能传习中心……十多年来,她以公益培训的方式教授上百名贫困地区青年和农村妇女学习紫陶制作技艺,带领群众增收致富。

田静 × 云南建水紫陶

采访实录

您可以简单介绍一下建水紫陶吗?

建水紫陶是有着千年历史底蕴的非遗技艺,它兴起于明代,纹饰多为诗词歌赋、经文词集及花鸟绘画,在我们看来是兼具文化底蕴与生活气息的。

建水紫陶最大的特点在于用料区别于任何一种陶,不管是从外观还是触感上来说,紫陶的表面近乎瓷器般细腻。

建水紫陶的制作工艺起源于中原地区,在明代时期传承到云南,有一些最传统的古代陶艺手法,在传承的过程中被很完整地保留下来,能够在今天看到这种最原汁原味的技艺非常不容易,这也让很多外地的陶艺大师惊叹不已。

在您从事建水紫陶行业之前,这门技艺的发展状况是怎样的?

我小时候不知道建水紫陶是一门手工技艺,哪怕我是建水土生土长的孩子,从小吃用紫陶器皿盛着的汽锅鸡长大,也不知道这手艺还能去学习、传承。因为在 20 世纪 80 年代,传统工艺非常凋敝,特别是在小县城里,没有多少人愿意专门从事这样一门技艺。如此优秀的手艺在我学习时,可能仅有几十户人在做。

据我们了解,建水紫陶的学习成本非常高,那么一个零基础的人要学习多少年才能成为一名工艺师呢?

就算是每天都在从事建水紫陶,至少也需要十年时间才能达到一般水平,而且必须要掌握到核心的手艺,才算是能出师。建水紫陶拥有一百零八道技艺,从中单拿出任何一道,都够人琢磨一辈子。所以说,凭借这门技艺找到工作不难,但若想成为贯通一百零八道技艺的全才,很难。

师父是怎样向徒弟传授建水紫陶的一百零八道技艺的呢?

按一种中国传统的师徒概念,师父首先会对徒弟有考量,这种考量不是约定好的期末考试,而是让徒弟进入一种生活方式。徒弟在跟随师父学习的过程中,会被要求去浇浇花、扫扫地、搬搬泥巴,这时候徒弟可能会有心理抵触:我是来学手艺的,怎么让我做杂活呢。但实际上,当徒弟慢慢接受了这些事情,师父又没有让徒弟离开,也就是接受徒弟了。

我初学艺时,并没有文字教材,一百零八都是从老师傅的言传身教中拼凑出来的,再结合古时候留下来的器皿与口诀,重新找回紫陶的手艺,加以归纳整理。所以到了这一代,我才把一百零八技整理成教材了,这使我们现在教徒弟不只是口传心授,而是教有所依了。总结、丰富与完善建水紫陶一百零八技是我这一代建水紫陶传承人的重要使命,传承任重道远。

田静作品《莲心壶》

田静 × 云南建水紫陶

采访实录

您当时是怎么决定要做建水紫陶的?

这是很多采访者都会问我的一个问题。何为匠人?匠人即倔强的人。不管有钱没钱,也不管别人是否看得起,就是打心底笃定了一件事,再一抬头,已经做到四十几岁了。

田静 ✕ 云南建水紫陶

建水紫陶制作

可能有的人觉得，学做一门手艺的原因是很重要的，但对我来说真的不重要。我从小看到手艺人就高兴，想成为他们，尽管那时很多人对这种职业有偏见，觉得做陶艺又脏又累，再加上我是个女孩子，周围都是一片反对的声音。但我觉得为什么不能试试呢？这一试就是二三十年了。

213

采访实录

田静 × 云南建水紫陶

您从事建水紫陶工艺的教学是出于怎样的想法呢？

首先是由于我儿时对建水紫陶的热爱，长大后发展成了自己的事业；其次是当你真正想去做这件事时，你会发觉自己是孤独的，身边没有人和你在做同样一件事。

我找过很多成年人，他们觉得自己没读过书，怎么能做传统工艺，或者说不相信自己能做传统工艺，所以我现在找的人基本都是建水的年轻人。建水是一个以农业发展为主的小县城，年轻人大多来自农村。农村年轻人是很现实的，他们希望来到我这里工作，我就得让他们有饭吃、有钱拿，所以我们给这些年轻人上培训课程，不但是免费的，还要给他们钱，不然我好不容易找来学习的人，都会被父母领走，父母总认为他们的孩子与其学一门手艺，还不如去端盘子、卖衣服，因为能赚钱维持生活。那时是2005年，我们也没有太多钱，但能保证每天给学生三十块钱，让他们吃饱一日三餐，在那个时候，三十块可以吃得很好了。用了这种培训模式后，我发现学生们能坚持下来学会手艺了，学会手艺以后，他们从学徒变为学徒工，工资、生活等各方面都会有所改观。

当然，这其中也有半途而废的学生。农村年轻人并不都像我们想象得那么纯朴，他们的父母长期在外打工，他们都是被爷爷奶奶、三姑六姨、隔壁邻居给带大的，有时候他们会站在我们的对立面，骂他一句，他可能马上拿着东西走掉。但也有这样的人，他特别信任你，你就不能把自己再当成老板或者老师，而是当成他们的妈妈。

慢慢地有不少年轻人学成长大后，愿意留下来与我们一同创业。现在还是有很多年轻人愿意来，所以我们不知不觉就把培训这方面单独分出来了，只要是真心想学的，我们就教。很多时候是年轻人感动了我，在他们做东西的时候，我仿佛能从他们眼里看到"光"。每次培训课程的第一节课，我都会告诉他们，不要妄想我会把你们培养成一代宗师，我只可以帮你们通过这门手艺找到工作。事实确实如此，很多年轻人通过这门手艺找到了工作，过得还挺不错。所以我确实是想通过这个平台，让年轻人们绽放自己的人生，实现自己的梦想。

建水紫陶的生产是手工为主还是有自己的生产线呢？

目前还是以手工和半手工为主的，机械化的批量生产会在一定程度上模糊了"非遗"的概念。

田静 × 云南建水紫陶

田静作品《七子贮》

您在教学生的时间里,有哪些特别难忘的经历,或者难忘的学生呢?

每天都会有难忘的事情。我作为一个教传统手艺的老师傅,在九月十号教师节,也会收到学生们的鲜花,虽然我会说不需要,但我也发自内心地感谢学生们。还有我最近的一个学员,他属于遇到了瓶颈期、带着技术回炉的人,你会看到他为了制作参赛作品,一天只睡两个小时,那种充满干劲、笃定了一件事去做的样子,让我看到了些许当年自己的影子。

田静作品《承瑜三件套》

田静 × 云南建水紫陶

采访实录

就目前的市场环境，为了让更多人了解到建水紫陶，您觉得还需要付出哪些努力？

这个与我的其他身份有一些关系，因为我在2018年的时候当选了人大代表和政协委员，我是以非物质文化遗产传承人的身份去参政议政，那么我就要把非物质文化遗产传承人的声音传达出去。比如说好多传承人找不到徒弟，地域局限于当地，拓展不开，然后自己又没有能力去宣传。比如对我进行采访的你们，是一个团队，但是如果让你一个人去做全部的工作，又要让你写脚本，又要让你做各种采访工作，那你肯定就没这个精力，就算给多少钱也干不了。传承也是这样的。我们一定要明白它为什么叫非物质文化遗产，它是被证明过的优秀的传统文化，我们要吸收传统文化，但传统文化也有糟粕，比如裹小脚。它既然被认定为非物质文化遗产，那么统统都是有价值的。有价值的东西就要传承，但是光是传承人的力量是很薄弱的，所以这些年我也通过自己的实践，做了大量的非物质文化遗产的宣传，同时收集了一些传承人的声音，然后结成提案，在每年的两会提交。

您认为在当下社会，非遗传承有着怎样的意义？

首先是像我刚才说的，能够实实在在地解决农村年轻人的经济困难，传授给他们一定的手艺；其次在历史文化层面也有很重要的意义，老祖宗的手艺不能在我们这一代断掉，很多非物质文化遗产，你不保护不传承，那它就没了，我们还怎么知道我们的根在哪里，我们从哪里而来呢？

您觉得您在这个非遗传承事业中扮演了什么样的角色？

作为一门手艺的传承人，不像其他东西是你去争来的，或者说去评选的，它有认定，非遗传承会有一个命名状，就是命名你为这个手艺的代表性传承人。其实我前些年成为代表性传承人的时候，对这个概念还是比较模糊的。后来几年我逐渐去解读这个称号，为什么一定要叫"代表性"传承人呢？这意味着你有了代表性，是荣誉，同样是责任，得到这个称号你就要负责任，你每一天的工作都要围绕着"传承"这两个字去忙碌。有的时候一些孩子不愿意干了，或者说累了，我就会跟他说，世上哪有不辛苦的工作。

田静作品《承瑜十一件套》

您先前提到在做建水紫陶教学与传承的过程中，遇到了各种各样的困难，那您认为还需要做哪些努力才能更好地传承？

我们做这门手艺，从 20 世纪 90 年代到 21 世纪初，所能感受到的就是大家能在自己的家乡拥有一份工作并从中受益，并让这门手艺成为家乡的名片。这样一门手艺，在传承中一定是存在很多问题的，传承人不光我一个人，但既然我比别人稍微走快了几步，那我特别希望能把自己的经验与做法分享给大家，让大家都能参与交流，不至于让手艺无人可传。另外，非遗是真正传统的、优秀的东西，这种文化应该是全民共享的，所以在传播层面上，必须让更多人知道这些技艺在中国历史长河中是多么璀璨，作为传承人，就要负责把非遗原汁原味地传承下去，让下一代看得见摸得着。

您对建水紫陶这方面未来的计划是怎样的？比如会打算招收更多学员，或是建立更大的生产线吗？

作为非遗传承人，是不会去做这种建设，因为非遗是精致的、小众的，它只能以手工工坊的形式呈现，很难做到全面且系统化。那么我就想要在现状之上继续保护好这门技艺，呈现更多的作品，让更多的年轻人有地方来学，这是我一直都会去做的事情。另外我也想呼吁更多一些的社会力量去帮助正在做非遗相关事业的人，这也是实际的需要。

田静 × 云南建水紫陶

项目心得

非物质文化遗产是中国传统文化的瑰宝，是中华民族古老的生命记忆和活态文化基因，更是国家文化软实力的有力彰显。但非遗传承目前所面临的最大难题便是"人"的问题，传承人是非遗的重要承载者和传递者，是非遗活态传承的关键，如何创新非遗保护方式，广聚资源推动非遗薪火相传，成为需要我们去行动的主力方向。

2018年底，田静凭借十年公益带徒的经验，针对当下年轻人对从事非遗技艺学习热情的缺失，经过多方奔走协调，于2019年1月正式成立了建水县田静紫陶技能传习中心。中心成立后，田静通过非遗宣传体验式教学、创新思路带徒、现代科技网络助力营销等模式，帮助热爱且有志于从事紫陶事业的年轻人开拓了一番新天地，也为非遗传承的延续和保护作出贡献。

田静与徒弟

田静与徒弟

田静 × 云南建水紫陶

她的传承工作主要是从以下两个方面入手：

一、开展非遗宣传体验式教学

深入各高校、党政机关举办多场"建水紫陶传统技艺解读"专题讲座，开展传统文化交流活动，将非遗技艺宣传融入生活，从而树立人们对非遗技艺的认识，以及对非遗传承保护的重视；与国家教育部、云南大学共同联合开展"传统农耕文明－儒家文化服务学习体验计划"项目，先后接待了印度尼西亚大学、香港树仁大学的师生们。通过为期一周的体验式教学，不但让师生们加深了对中华传统儒家文化、农耕文明、非遗技艺相关知识及传承的了解，更重要的是通过活动促进内地与香港及其他国家间的文化交流与深入了解。

二、创新思路带徒

过去的十年间，田静通过带徒摸索总结经验，发现传统的师带徒及教学方式已远远不能适应社会的快速变化，结合非遗发展的现状，传承人后继无人的困境，田静开始尝试转变带徒模式。2018 年，田静与红河州民族师范学校开始合作教学，由学校选拔推荐紫陶专业学员，分批安排到中心集中再培训，以"量体裁衣"的方式为学员们精心设计课程，强化技艺，同时还利用多样化的授课方式增进师徒间的交流互动，习艺不忘传统文化的熏陶，真正做到德艺双馨的培养。

为了提高带徒效率，让更多感兴趣且有志于投身非遗事业的青年们参与进来，田静通过整理紫陶技艺各个步骤，组建各步骤专业授艺团队，把传统的一个师傅带，变成一个团队带，使学徒的学习效率大大提升，带徒数量聚少成多。

田静作品《法喜壶》

「何为匠人?匠人即倔强的人。不管有钱没钱,也不管别人是否看得起,就是打心底笃定了一件事,再一抬头,已经做到四十几岁了。」

郁立平 × 陕西凤翔木版年画

邰立平

TAI LI PING

× 凤翔木版年画

凤翔木版年画植根于西北,具有浓厚的西北味,和其他年画相比,凤翔年画显得更为夸张、粗犷、威猛。

工艺介绍

陕西凤翔木版年画始于唐宋,兴于明清。明正德年间,邰氏家族就已有八户从事年画刻印或贩卖。年画的版样经过数代积累,逐渐丰富,邰氏也成为凤翔年画最重要的老字号和传承脉络。清末,邰家创立"万顺画局",后改"顺兴画局",再传承为"荣兴画局",最后到"世兴画局"。最鼎盛时,凤翔有七十多家年画作坊,年产量高达六百万张。

凤翔木版年画植根于西北,具有浓厚的西北味。和其他年画相比,凤翔年画显得更为夸张、粗犷、威猛。木版年画的制作工艺主要分为画样、刻版、印刷、填色四大流程。凤翔年画以线刻为主,线条刚劲有力,简明质朴,生动大方;色彩上以鲜明的红、绿、黄、紫为主,再衬以黑色线条,对比强烈。印刷时先印墨线,再由黄、金黄、桃红、大红、紫色、绿色依次套色印制,再手填色,上相粉、开红光、描眉画眼。这样印刷出来的画面和谐朴实,散发出浓浓的乡土气息,受到国内外艺术界高度评价。

木版年画制作步骤:

- 处理木材 —— • 起稿 —— • 刻版 —— • 印刷 —— • 手工填染

邰立平作品《上朝秦琼》《上朝敬德》

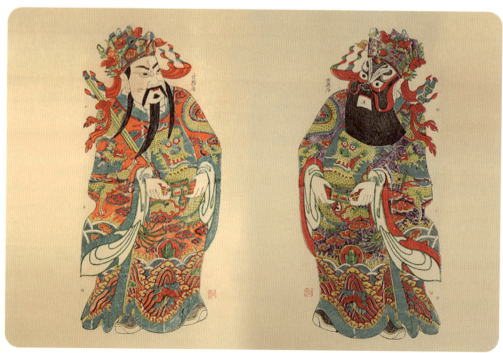

传承人简介

邰立平

- 非物质文化遗产项目"凤翔木版年画"代表性传承人
- 中国工艺美术大师
- 中国艺术研究院"民间美术创作研究员"

邰立平 × 陕西凤翔木版年画

邰立平出身于凤翔县南小里村邰氏木版年画世家,从小受祖辈熏陶,在家族的年画氛围中长大。1968年开始专门从事民间年画设计、雕刻以及绘画。1978年在父亲邰怡的带领下,创建了凤翔南肖里工艺美术研究会,先后挖掘、整理复制木版年画古样三百余件(套),创作年画新样二十余种。1980年,随父创建凤翔凤怡年画社,继续恢复、创作年画。二十世纪九十年代编辑、出版了《凤翔木版年画选》一、二卷,受到高度评价。几十年来,他精心培养了邰高阳、王怡璇作为世兴画局二十一代传承人,二人均在2020年被评为陕西省工艺美术大师。

邰立平作品《佳人爱菊》

采访实录

"我们家族做年画的历史,最早可以追溯到明代正德二年,也就是1507年,到我这一代已经是第二十代了,这在全国的年画行业内都算得上是历史比较悠久的。"

您是从什么时候开始接触木版年画的?

我从小爱好绘画,因受家庭影响,从6岁开始就随我爷爷邰世勤学习年画,我爷爷是陕西西府一带的著名老艺人,一辈子以做年画为生。我9岁以后随我父亲邰怡学习,他是陕西省工艺美术大师,自此算是步入了凤翔木版年画这个行业。所以也可以说,受祖辈熏陶,我是从一生下来就在接触木版年画的。

我们家族做年画的历史,最早可以追溯到明代正德二年,也就是1507年,到我这一代已经是第二十代了,这在全国的年画行业内都算得上是历史比较悠久的。

我跟我父亲在1958年创作了《跃进春》《开门红》等新年画,到"文革"时期,传统年画濒临灭绝,我们仍自力更生、发奋图强,创作七十余幅新年画。到改革开放后,我们父子二人就专门从事凤翔木版年画的恢复,这一做又是四十多年。过去的人,一辈子也就刻六十套版左右,而我们父子两代人,到目前已经将凤翔年画恢复到了四百多套版,特别是凤翔年画中的代表作品基本上都恢复了,比如八大门神。除此之外还出版了《凤翔木版年画选》,在八大美院以及国外的一些艺术机构、博物馆都有收藏,这是我一生中的大工程。

邰立平作品《倩女寻梅》

木版年画在制作工艺流程上有什么特点?

中国木版年画有几个大产地,比如我们熟知的天津杨柳青、苏州桃花坞、山东潍坊、河北武强、四川绵竹、陕西凤翔、湖南滩头、广州佛山,这些大概都是列入首批的国家级非遗目录,每一个产地的年画都有自己的个性与风格。内行人一看,他就知道这是凤翔的,那是杨柳青的,在年画行业里面,风格非常重要。所以,对于木版年画来说,最首要、也是要求最高的环节就是创作,用俗话来说就是出画稿,需要具备一定的美术功底才能画出好的画稿,画出当地特有的个性与风格。刻版是第二个大步骤,就是把画稿贴到木板上开始雕刻。我曾经在很多大学里教授过传统木刻这门课,我会告诉学生们,想要学会雕刻是比较容易的,基本上几个月就可以上手,但若想雕刻出精致的好作品,则需要很多年的积累。接下来的步骤就是印制年画。凤翔年画跟河北武强年画、河南朱仙镇年画差不多,都是刻完墨线版以后还有套色版要套印,套色要求严谨、准确。还有一个步骤是手染,像是人物面部和手的肤色部分,一般都要进行一次手工填染,用过渡色染出活灵活现的感觉。当然,手工填染对于绘画基础的要求也是相当高的。在我们凤翔年画这边,画稿刻版、套印完成后,还要套金套银,套完以后就会显得金碧辉煌。

采访实录

您参加"清华美院－BMW 非遗保护创新基地"最大的收获是什么？对您之后在木版年画的发展上有什么帮助或改变吗？

早些年我去参加过 BMW 在首都博物馆举办的非遗成果展活动，感受相当好，这场活动对中国木版年画的普及和宣传起到了很大的推动作用。因为就现状来说，老百姓们平日里很少有机会接触到木版年画，而 BMW 为我们提供了这样一个平台。在首都博物馆现场，我们与很多现场观众一起做交流，当时的互动气氛非常好。在扩大了木版年画宣传的同时，我能够近距离跟这些对木版年画有兴趣的观众接触，听取他们的意见，这对我自己今后的创作都有很大的帮助。比如，传统的童子年画上是没有字的，只是小孩子骑着老虎、狮子的图案；后来我就考虑面向这些童子再创作，加了八个字，一个叫纳祥童子，一个叫增福童子，并且在童子面部做了多次修饰，体现出中国小孩子"接地气"的特点，让人看了以后，一下子就被那活泼欢快、天真烂漫的感觉吸引住了。这些年画也登上了中国特种邮票，非常受欢迎，它为我创造的价值不下几十万元。

从那次活动以后，我感受到，要跟大众近距离接触、交流，听取他们的意见，才能创作出更好的作品。所以，在这里我要感谢 BMW 对中国非遗以及木版年画的关心与支持，非常感谢。

雕刻工具

这门手艺的传承模式是什么?

我这边的传承从十几年以前就开始了。当时由我们当地的《宝鸡日报》为我招收了几位徒弟,其中有两位已经跟了我十几年;还有我的子女、儿媳,他们现在都在做木版年画。去年我的儿子邰高阳、儿媳王怡璇已经被评为陕西省工艺美术大师,这也是令我非常欣慰的。除此之外,我还在一些大学讲课,给学生们讲授中国木版年画的制作技艺。

这门手艺在传承上是否遇到过一些困难?

在十多年以前,我的孩子就把工作辞掉了,他特别热衷于木版年画。但存在的问题就是,像我们这些国家级的传承人,国家会提供一些补助,而作为下一代的年轻人,在还没有成为省级大师之前,他们想要专门去从事非遗手工艺,会有一定的资金困难。所以当时我不愿意让儿子专门从事这门手艺,我让他最好去兼职一份工作,靠业余时间做年画。我当时为什么不同意他们辞职专门做年画?因为他们也要生活,他们有孩子,他们要养活一家人。所以就这种现状来说,年轻人传承手艺是比较困难的,而且年画传承是一个相当漫长的过程,需要十几二十年才能做出成绩,才能养活自己,处于学习阶段的他们作品销路还不够好,如果没有国家政策上的支持,这些年轻人的处境都是比较困难的,因此我希望咱们国家能从政策上给予下一代年轻的传承人一些优惠政策,这一直以来都是我的愿望。

木版年画除了具有装饰作用,是否还有其他用途呢?

其实木版年画原本是一个面向大众的艺术。在过去,家家户户大年三十都要贴年画,门上有门神,灶房里边有灶王爷,房间里面还有风俗画,土炕周围贴的都是戏剧故事,如西游记、三国演义。西游记年画一套就是十张,过去的孩子们没有电视机,他们就是围在炕的周围,像看连环画一样看这些年画。一个小孩子,从半岁时抱在怀里,到3岁时牵着手,一直都在听大人讲述着年画里西游记、三国演义的故事,从小就接受着这种传统文化的熏陶。

邰立平作品《钟馗》

采访实录

对于木版年画在现代发展的理念与实践,您有什么心得或者案例可以分享吗?

2007年,受当时的中央美术学院设计学院院长邀请,我参加了"大师进校园"活动,给56名学生上年画选修课。我告诉学生们,我只有一个要求,这个要求也是年画创作最重要的一点,就是要创作有风格的画稿,比如创作杨柳青年画,就必须是杨柳青的风格,创作凤翔年画就必须是凤翔的风格,不能创作没有个性的作品。我曾代表中国年画参加过"九九巴黎·中国文化周",凤翔年画在文化周上特别受欢迎,其原因是凤翔年画粗犷、夸张、大红大绿的独特个性吸引了人们,就像咱们中央工艺美院的老院长张仃教授曾说过的那样,越是民族的,越是世界的。凤翔年画一直保持着这种艺术风格,从未有改变过。因此,我们今天聊到这个话题,我认为每个地方的年画,在具有审美价值的同时,一定要保留自己当地的风格,这是底线。但是现在有很多年画,在创作的过程中接近于宣传画、广告画,在中国木版年画的创作中,最令我感到头疼的问题就是"串味儿",什么都不像是很麻烦的,这会使年画丢失了自己原本的味道。

您对未来三至五年的发展有什么规划吗?

在陕西凤翔木版年画发展这一方面,我的第一个大工程是恢复了凤翔年画代表作品八大门神,第二个大工程是分别在1992年和1997年出版了两卷《凤翔木版年画选》。从1999年以后,到现在二十多年时间里,我一直在做的一件事是创作《凤翔木版年画选》第三卷,其中包含了一百多块墨线版,估计近期就完工出版了。另外还有一卷套色版,还需要六七年时间才能完成。从1999年到现在我一直在做这一件事,时间线拉得很长,规模非常大,投入也相当多,但这做完以后是不产生经济效益的,有的只是社会效益,像是国内外的大博物馆、美术馆会将其作为收藏品。除了这些大工程,我比较注重的就是培养接班人,比如我自己的孩子,他现在才是省级工艺美术大师,希望他以后更上一层楼,艺有所进,成为国家级的工艺美术大师。

项目心得

这些年，邰立平的传习中心始终将传统年画的创作视为年画传承的根本，力争每年能创作一些新的年画类型，提高和增进年画创作水平。2017年，邰立平受黑龙江省美术馆所托，历时三年，用传统年画的刻版技法刻了四十八幅《呼兰河传》连环画，此次合作，是木版年画和其他画种的碰撞合作，也使他的刻版水平在一定程度上得到了提升和锻炼，使他受益匪浅。

此外，邰立平还时刻鞭策自己要努力跟上时代发展的脚步，在年画文创产品的开发方面也积极实践。首先是和各大网络游戏的合作，2018年，分别为《剑侠情缘》《腾讯华夏手游》设计刻制了游戏图标和游戏人物。其中，由中国手艺网牵头，与腾讯华夏手游合作的游戏门神和年画抽签小程序颇受年轻人欢迎。2018年至今，和深圳妙手回潮公司合作，连续多年推出年画日历，该日历也是中国第一本手工雕版印刷日历；2019年，为了适应年节礼品市场，将原本大尺寸的年画缩小版幅，做出凤翔年画的礼品套装，该礼品凭借精致的包装、绚丽的色彩、手工制作的匠心，成为每年过年时热销的礼品样式；此外，2020年初，和中国手艺网联合推出了年画日历，其中包含三百六十余幅凤翔年画，并配有文字解说，由雅昌艺术印刷，该日历受到业界一致好评。2014年春节，为BMW设计了马年红包；2021年春节，为世界知名奢侈品品牌LOEWE（罗意威）定制了2021牛年礼盒。

近些年，国家加大保护非遗力度，十分重视年画的宣传和推广，邰立平接连在广东岭南美术馆、黑龙江省美术馆、辽宁省图书馆举办凤翔年画个展，每次展出都吸引大批民众前往观展，参展作品被这些美术馆悉数收藏。最近几年，在陕西省文化和旅游厅的组织和领导下，邰立平多次参加陕西省的文化旅游推介活动，使木版年画获得外出宣传亮相的机会。除此之外，他还带着凤翔年画还走进美国耶鲁大学、波士顿大学等高校以及日本、土耳其、德国等国家，向世界各国人民介绍和推广我们中国年画。

作为国家级非物质文化遗产代表性传承人，邰立平始终牢记年画传承的使命，始终践行年画的带徒传艺和公教活动。这些年除了在他的年画传习中心教授学徒刻版、印刷技艺，还积极响应文旅部提出的"中国非物质文化遗产传承人群研修培训计划"，分别为四川大学、陕西师范大学年画研习培训班授课，目前已受聘担任十二所高校的客座、兼职教授。此外，邰立平创办的年画传习中心已成为清华大学美术学院、复旦大学、中央财经大学、西安美术学院、西安理工大学等多所高校及陕西众多中小学的非遗写生及体验基地，他也分别走进这些学校，为学生讲解凤翔年画的历史、演示年画制作过程，积极推进"非遗进校园"的实践活动。

刻版

邰立平作品
《执锏秦琼》《执鞭敬德》

刘红生 × 河南钧瓷

刘红生

LIU HONG SHENG

× 河南钧瓷

钧瓷为宋代五大名瓷之一,以独特的窑变艺术在陶瓷艺术百花园中一枝独秀。

刘红生 × 河南钧瓷

工艺介绍

钧瓷为宋代五大名瓷之一，以其独特的窑变艺术在陶瓷艺术百花园中一枝独秀。

钧瓷原产地在河南省禹州市神垕镇，始创在唐代，繁荣昌盛于北宋。北宋徽宗时期，朝廷在今河南省禹州市市区东北部古钧台附近设官窑为皇宫烧制贡瓷，因邻钧台而得名"钧台窑"，简称"钧窑"，所产瓷器即名"钧瓷"。金、元时期，江西、浙江、广东、山西等地都有人仿制钧瓷，播火全国。清光绪年间，神垕陶瓷工匠们又成功恢复了钧瓷的烧制。中华人民共和国成立之后，在党和政府的支持下，钧瓷生产进入了全面恢复时期。任家、卢家等钧瓷世家的艺人献出了祖传绝技，研究发明了性能优良、结构合理的钧瓷窑炉，为钧瓷的繁荣奠定了基础。二十世纪八十年代以后，伴着改革开放的大潮，钧瓷事业进入了繁荣时期，窑口数量空前，从业人员众多，产生了良好的经济效益和社会效益。

钧瓷花瓶《豫象送宝》被选为河南省迎香港回归礼品，钧瓷观音瓶被北京人民大会堂收藏陈列，钧瓷华夏瓶、乾坤瓶被选为博鳌论坛礼品赠送外国政要。钧瓷之所以名贵，除了独特的窑变现象，主要在于其制作工艺复杂、烧制不易。一件钧瓷从选料到烧成，共需要七十二道工序。

钧瓷制作

传承人简介

刘红生

刘红生 × 河南钧瓷

- 非物质文化遗产项目"钧瓷烧制技艺"代表性传承人
- 北京理工大学设计与艺术学院外聘硕士研究生导师
- 河南省工艺美术大师
- 河南省陶瓷艺术大师
- 禹州钧瓷窑炉博物馆副馆长
- 禹州市星航钧瓷有限公司艺术总监

1974年出生于河南禹州,1993年参加工作进入禹州市钧瓷研究所,师从国家级非物质文化遗产传承人、中国工艺美术大师任星航先生学习传统钧瓷烧制、成型技艺及实验。刘红生在熟练掌握钧瓷全套制作工艺的同时,在钧瓷造型方面也屡有建树,特别是其纯熟的手拉坯技艺,在当代中青年钧瓷艺术家中罕有匹敌。在钧瓷创作中,他除了对作品考究之外,更关注对其精神意义的研究与探索,这是他在创作中一以贯之的创作理念。

采访实录

> "在学习钧瓷技艺的同时,我也被很多老师傅优秀的技艺震撼到,下了决心,这是民族传承的技艺,我一定要学会、学好。"

刘红生作品《蝶恋花》

请您谈谈钧瓷烧制的技艺和特点吧。

钧瓷的制作有七十二道工序,包括选泥、晾晒、加工、揉泥、拉坯、成型、烧制和拣选等。从大的方面来说,可以分材料、制作、施釉、釉烧。钧瓷依靠其独特的釉料及烧成方法产生自然窑变而闻名于世,且基于宋钧官窑的影响力,历经千年,依旧经典。钧窑始于唐代,盛于宋代,又在元明清时期吸收了时代特点,最终形成自己的风格。

您的创作是围绕哪个方向来做的呢?

我的创作分为两个方向。第一个是日用瓷,比如主人杯、香炉、茶具、香道这些能够融入生活的器具,这些作品价格不高,可以直接进入销售市场。第二个方向是创作个人的艺术作品,去参加全国美展、西部陶艺展等美术作品展览。

钧瓷的制作工艺比较复杂,产区里是通过什么形式来保证生产呢?

就目前来说,钧窑的生产状态是工厂化占一半、家族式占一半。工厂就是通过社会招工、高薪聘请技术员配釉、烧制、设计造型,打造成一个产品线。家族式则是父母带着孩子干,比较注重打造个人品牌。

钧瓷的传承是以什么形式为主?

因为钧窑在釉料配方上是有所保密的,很多用料配方是祖上传下来又经过改良的,所以涉及保密工作的部分就仅限于家族之间的传承。拉坯、施釉,这些基本功是可以在外边学到的,但如果想学习真正的配方,那就不容易了,包括一些大的公司、企业,在用料方面都做足了保密措施,以防止配方外泄。

刘红生 × 河南钧瓷

刘红生作品《螭虎尊》

刘红生 × 河南钧瓷

采访实录

那么您也是经家族传承才接触钧瓷技艺吗?

我的情况比较特殊。我是在 1993 年进入钧瓷研究所,跟我们的所长任星航老师学习钧瓷制作工艺,烧制一年下来后,我开始对钧瓷产生兴趣。1994 年,我们研究所成为液化气窑的推广试验单位,就把做烧制的年轻人分配到各个工艺去了,我被分到拉坯设计。在这个阶段,任老师鼓励我说,拉坯技艺非常重要,要多思考、多做,懂得创新,这样一来我既会烧,又会设计,创作空间会非常大,那就区别于一般的工人了,可以慢慢向艺术家的方向去转变。那时我还是个 20 岁的年轻小伙,对老师口中的"艺术家"没有太多概念,但也在老师的鼓励下开始尝试去做一些大件儿。在学习钧瓷技艺的同时,我也被很多老师傅优秀的技艺震撼,就下了决心,这是民族传承的技艺,我一定要学会、学好。

刘红生作品《螭虎花器》

刘红生作品《三羊尊》

刘红生 × 河南钧瓷

钧瓷在现代发展上有什么难点吗?

第一个难点是招工问题,不过这些年因为待遇的提高,比起以前来说已经稍微好了一点,现在从学徒开始就有工资了,这在过去是没有的,所以年轻人也愿意留下来为钧瓷的传承添一分力量。第二个难点就是钧瓷的设计,比方说你设计出了一个造型,市场销售不错,就会被大家关注、模仿,甚至抄袭,缺乏原创性是钧瓷的一大痛点,这一点存在很多年了,一直未得到改变,钧瓷作为传统瓷器,不像景德镇瓷器,外来设计多、融入新鲜血液快,所以在造型设计这方面一直是多年来的短板。第三个难点就是销售,钧瓷过去以线下门店销售模式为主,在北京和上海都有钧瓷实体店,但由于近两年新冠疫情原因,实体店陆续关闭,采购的人少了,但同时也是一个机遇,我们会转换到比较灵活的线上直播销售模式。

线上销售模式会为钧瓷的销售带来一定程度的利好吗?

是的。因为疫情以来,实体店关了,但直播兴起了,同样可以拉动销售。在过去,我们创作者盲目地创作,买家盲目地买,这之间存在一个沟通不畅的问题,但直播形式兴起以后,厂家就可以跟客户进行方便快捷的沟通,并调整设计方案,这样就能够迅速把销售带动起来。

刘红生 × 河南钧瓷

采访实录

刘红生作品《祥和尊》

针对这种新的销售模式转变,您今后有什么打算吗?

通过近两年的创新设计,以及线上直播销售模式的转变,我能感受到大家对钧瓷新作品是非常感兴趣的,所以我的工作室打算继续加强新产品的研发。我现在的状态是开发出一款就销售一款,但开发速度仍有些跟不上市场的脚步,一些经销商、厂家总是觉得我们开发得太慢了,其实我们已经竭尽全力了。所以在工作室这方面,我们通过河南省劳动技术部门,获批了省级大师工作室,以此为基础,今年的工作会重点放在新产品开发,让更多新产品进入市场,满足大家的需求。

您参加"清华美院 – BMW 非遗保护创新基地"项目最大的收获是什么?

通过参加项目,我接受了系统性的培训,在设计方面提升很大,尤其是当时跟同班同学一起联合创作的作品,在社会上得到了很高的关注度,所以也算是在设计方面拓展了视野,打破了局限,思考问题更加有章法,感觉自己拥有了设计的思维。

您对于"非遗进校园活动"有什么心得体会吗?

非遗进校园是一个很好的活动,我在这里既是一名学生,又是一名老师,看到的、听到的点点滴滴都十分值得我去回忆。

我本人作为一名学生来到清华美院,参加非遗保护创新基地的项目,一方面,在培训班里得到了很多老师们的帮助与同学们的支持,促使自己在创新设计方面有了很大的提升;另一方面,我也被北京理工大学聘为硕士生导师,进入大学校园里给学生们讲授钧瓷技艺,没有一点保留地传授拉坯技法。我认为的非遗保护,不应只停留在家族传承模式,而是要面向社会推广,这样的话,钧瓷的路子才能更加广阔。

对于钧瓷的保护创新,您对未来三至五年有什么规划吗?

第一,目前国家对非遗保护大力提倡,我未来还是想要多去参加国家级的非遗保护项目培训班,这也是为自己充电;第二,我就是希望能把自己的工作室做得更好、更强,树立起个人品牌,把我们的作品好好推广一下;第三,我想通过个人的影响,培养更多学生从事钧瓷行业,这是我最大的愿望。

刘红生 × 河南钧瓷

项目心得

「多年以来我始终坚信,只有付出真诚情感和辛劳汗水才能够收获器物温馨的拥抱。」

之前我在瓷区待的时间比较久,所关注、研究的多是一些出土的瓷片,还有一些书籍记录下来的流传性经典器物。在 2015 年 12 月,我有幸参加了文化部举办的"第二期中国非遗传承人群清华研修班"及清华大学美术学院在 2016 年 3 月举办的非遗结业大展,自那以后,我才知道世界这么大,我们可以关注的中国艺术品类有这么丰富,而且每类艺术品都有一个专业存在,来专门做这方面的研究。像油画、漆艺、木雕,还有一些金属工艺,这些门类都是相通的,我们可以从里面汲取一些艺术营养,更利于钧瓷的创作。

让我记忆犹新的是清华美院艺术史论系主任、研修班负责任人陈岸瑛老师在开班仪式上的发言:"如今,传统的复兴日益成为社会关注的焦点。中华传统工艺是祖先们为我们留下的巨大财富,每一个传承人有义务通过努力学习和钻研,了解这笔无形文化遗产的真正价值,提升传承能力,以时代精品满足当今中国人日益增长的物质文化需求。"这些话语,时至今日仍然激励着我在钧瓷道路上持续远航。

清华美院紧张有序的学习生活使我对设计有了新的认知与感悟,并在以后创作实践中得到应用与升华。从清华美院回来后,我又陆续参加了 2016 年在沈阳举办的 BMW·Lifestyle 非遗创意设计大赛,作品《宝马印象》获铜奖;随后参与了 2017 年 4 月在上海 BMW 品牌中心举办的"非遗作品师徒展"。

刘红生 × 河南钧瓷

传统具有时代性，传统工艺美术是当时的生活状态以及传统文明的表达，它含蓄、深奥并富有美学思想与人文精神。当今社会在快速发展，已经逐步改变了人们原有的生活方式，但这也恰恰给传统工艺美术带来了机遇与挑战。我想我们作为钧瓷非遗传承人也要做到与时俱进，从传统工艺精神与理念上融合当下生活，去寻求新的创作，尽可能满足人们生活所需。并且，我个人认为传统工艺美术要继承，就必须具有探索与创新的精神，这样才能够延续拓展传统工艺美术，这也是非遗承传者的精神所在。

钧瓷艺术的创作何尝不是一次艺术生命的旅行与人生的修行？器物里面蕴含着自然、谦逊和优美的力量令我迷恋。多年以来我始终坚信，只有付出真诚情感和辛劳汗水才能够收获器物温馨的拥抱。钧瓷作品的艺术气质来自美学修养，因此从事钧瓷工作学习到的不仅是制作技艺，更是日常中的人生态度，将自然、技艺、器物与自我融为一体，用自然之物表达心灵之爱，更是生命中享受美学修行的重要方式。

刘红生作品《雄风尊》

陕西汉中龙江龙舞道具制作技艺

阎克元

YAN KE YUAN

× 龙江龙舞道具

龙舞在过去以祈雨求水、避免洪涝灾害、求丰年为主，而现在以自娱自乐、吉祥、安康、喜庆为目的

工艺介绍

龙舞在汉代产生并流传，距今已有一千七八百年历史。《后汉书·礼仪志》中记载了当时人们举行祈雨等祭祀仪式时儿童、壮年和老人穿着各色彩衣，舞起数丈长，青、赤、黄、白、黑等各色大龙，凭借龙形道具，借助人体运动，来完成各种动作和造型的情景。

龙江由于地处江河环抱之中，历史上会依求神龙生存。舞龙、制作龙舞道具，历经千百年，传承谱系十分复杂。龙江舞龙及龙舞道具制作技艺传承是非家族性的，在传承过程中，以自愿为特征，组织方式较为松散。绝大多数舞龙及龙舞道具制作艺人因生活、生产和习俗爱好而积极参与道具制作。龙舞在过去以祈雨求水、避免洪涝灾害、求丰年为主，而现在则以自娱自乐、吉祥、安康、喜庆为目的。

龙江龙舞道具制作

传承人简介

闫克元

- 汉中市汉台区天汉民间艺术协会主席
- 原汉中市汉台区龙江文化站站长
- 武汉大学国家文化财政政策研究基地研究员
- 陕西省公共文化服务体系建设专家委员会专家
- 汉中市最美系列人物
- 陕西省优秀共产党员
- 中国文化馆榜样人物
- 陕西好人
- 中国好人

四十多年来,他扎根基层,长期从事农村群众文化工作,将仅有编制一人且经费拮据的文化站,逐步发展到现在拥有固定资产八百余万元的规模;办起科普惠民技校、图书馆、博物馆、非遗传承基地、全民健身广场等群众文化活动场所,紧扣时代脉搏、唱响主旋律,以脱贫奔富小康作为首要任务,积极保护传承非物质文化遗产,发展文化产业。

闫克元 × 陕西汉中龙江龙舞道具制作技艺

闫克元 × 陕西汉中龙江龙舞道具制作技艺

采访实录

"与景区合作实现双赢,既为景区增添了特色文化元素,又让非遗传承活了起来。"

龙江龙舞道具制作

您目前是怎样传承龙舞道具制作技艺的?

龙舞道具制作技艺是省级非遗项目,这几年我们一直在坚持传承这项技艺。主要通过请老艺人到文化站给年轻人传授技艺、和旅游业融合发展、定期举办培训班等方式进行传承。我们组织了团队,其中有四十四个年轻人,他们经常参加演出。我们也会给老艺人发放补助,对掌握技艺的年轻人进行奖励。

您对"非遗进校园"有什么看法?

在汉中范围内,我们让龙舞走进学校,特别是走进聋哑学校,对残疾人进行培训传承,取得了很好的反响。我们根据学生的年龄阶段,制作大小不一、轻重不同的龙舞道具,目前这项技艺已经成为当地特色校园文化活动。

汉中龙江龙舞道具制作技艺的特点是什么?

汉中龙江龙舞道具制作的发源地在汉江与褒河的环抱之中,千百年来这里饱经干旱和洪涝之苦,老百姓为了繁衍生息,祈祷风调雨顺,逐渐养成了敬天畏龙的习俗。制龙是民间的艺术活动,庆典演出、烘托气氛、年节欢庆、旅游参观都会组织人员舞龙。

现在龙舞的品种很多,我们开发了五种类型的道具,以草龙、板凳龙、挞杆龙、彩龙为主。每个大类里有四个小类,都是不同颜色不同品种的龙。龙江龙舞道具基本是采用当地的材料,比如稻草、布料、竹篾等来制作。

闫克元 × 陕西汉中龙江龙舞道具制作技艺

您参加"清华美院 – BMW 非遗保护创新基地"最大的收获是什么?

最大的收获是通过在清华美院的学习,我们对外进行了宣传生产,这给了我们很强的信心,一定能把这项技艺传承好。现在的难点就是如何把非遗和旅游相结合,找到市场定位,实现融合发展。有了市场,那就有了收入,就可以更好地传承这项技艺。

您对非遗活化走入现代生活怎么看?

我们作为龙舞道具制作技艺的传承人,近些年一直在探索与景区的合作。我觉得我们要主动把文化产品推荐出去,让大家了解这些非遗技艺。初期在费用各方面要有一些让利,争取吸引到更多的游客来感受龙舞表演。与景区合作实现双赢,既为景区增添了特色文化元素,又让非遗传承活了起来。

您有考虑过开发一些文创产品吗?未来您有什么计划?

开发文创产品需要有一个团队,要有创新人才,还需要前期投资。现在由于新冠疫情等因素的影响,市场不太景气,我们一直不敢去推进。在未来我们要把这项非遗技艺与旅游业融合,把文创产品推向市场,同时让龙舞道具制作技艺走进校园,进行推广普及。

央视四套中文国际频道《江河万里行》摄制组现场采访

253

闫克元 × 陕西汉中龙江龙舞道具制作技艺

项目心得

2017年办事处将《传承中华传统民俗龙舞文化》作为一项工程精心打造，挖掘传承"手把龙""手龙"特色草龙艺术，作为广场舞在全处、全区、全市推广。闫克元团队创作专题词曲编排的民俗舞蹈《中华舞龙人》，在2018年参加改革开放四十周年港澳展演获"铜奖"；根据表演者的不同年龄特征制作不同规格、形态各异的龙舞道具，在辖区中小学、幼儿园及汉中市特殊学校（聋哑学校）、汉中龙岗中学、陕西航空技术学院、汉中职业技术学校、宁强县职高、汉中体校、略阳、留坝、南郑、西乡、汉中武警消防支队等单位进行传统民俗龙舞文化义务传承。2020年春节，时至新冠疫情来袭，为让老百姓在家过好年，闫克元团队在天汉长街录制了"汉风大年·云上新年"，让人们足不出户，欣赏到汉中民俗文化"大餐"。疫情好转后，为促进当地旅游业发展，在龙头山景区开展了"文旅大融合·非遗进景区"主题民俗表演，吸引了众多游客，被陕西卫视、汉中新闻、抖音等多家媒体相继报道。2021年11月龙江街道办事处被国家文化和旅游部命名为"中国民间文化艺术龙舞之乡"，龙江龙舞已成为汉中民间文化艺术品牌。

闫克元 ✕ 陕西汉中龙江龙舞道具制作技艺

闫克元与龙江龙舞

中彬 × 湖南醴陵釉下五彩瓷

申 SHEN

彬 BIN

×

釉下五彩瓷

釉下五彩工艺，突破釉下单彩的传统技艺，运用红、绿、蓝、黄、黑五种原色料（故谓五彩），采用双勾分水的独特技法，色彩丰富、晶莹润泽。

工艺介绍

中彬 × 湖南醴陵釉下五彩瓷

醴陵,位于湘东,与江西比邻。晚清时开始盛产釉下五彩瓷器。釉下五彩工艺,突破釉下单彩的传统技艺,运用红、绿、蓝、黄、黑五种原色料(故谓五彩),采用双勾分水的独特技法,色彩丰富、晶莹润泽。环保、耐酸碱、不含铅、镉、不褪色。它的出现使千百年来以长沙窑、元青花为代表的单一釉下彩陶瓷呈现出了五彩纷呈的面貌,被誉为"东方陶瓷艺术高峰",曾与国酒茅台一并荣获1915年"巴拿马万国博览会"金奖。中华人民共和国成立后,釉下五彩瓷受到了毛主席的喜爱,醴陵在1958年至1974年间为毛主席制作生活用瓷千余件,因而有了"毛瓷"的美称;又为中南海、人民大会堂、天安门城楼等生产国家陈设瓷和国家宴会瓷,为邓小平、江泽民、胡锦涛、习近平等党和国家领导人生产对外交往的国家礼品瓷,故也被誉为"红色官窑"。

传承人简介

申 彬

- 非物质文化遗产项目"醴陵釉下五彩瓷烧制技艺"代表性传承人
- 工艺美术师
- 陈瓷第四代传承人

23岁随父陈扬龙从事醴陵釉下五彩瓷创作，并长期从事核心工艺"勾填分水"的教学与研究工作，着力于"薄施淡染"、复色叠加的创新。

申彬 × 湖南醴陵釉下五彩瓷

「我意识到做手艺一定要有服务意识,要思考当代人需要什么,怎样才能和技艺相结合。」

申彬作品《富贵寓平安》

采访实录

您从什么时候开始做醴陵瓷?

醴陵釉下五彩瓷是国家级非遗项目,我从事这个行业十余年了,是市级传承人。从晚清开始,我的家族五代人都在坚守这门技艺,工艺上最大的研究贡献就是"薄施淡染"。这个工艺改变了传统釉下彩比较浓艳的风格,使图案变得更加淡雅、水润通透。正是因为祖辈在工艺上有了突破,所以我们家被授予了"国家级非遗基地"的称号。

陈扬龙窑有什么特点?

陈扬龙窑实际上是以我父亲的名字来命名的,他是中国工艺美术大师,也是国家级的非遗传承人。我们这个窑口最大的特点就是我父亲陈扬龙经过四十多年总结出来的"薄施淡染"工艺,即通过降低釉下色料饱和度,让色彩变得带有一点灰调,更加淡雅。增加釉下色彩的水分,把毛笔的笔肚沾满水,再通过笔尖传递到泥胎里,这是和全国各地窑口都不一样的彩绘方式。这个技艺的名字叫作"薄施淡染",是因为在绘制的时候注入了大量的水,一层一层将淡淡的颜色慢慢地浸染进去。它的风格是很淡雅的,通过一遍又一遍的不断叠加,最后呈现出来一种水灵通透的效果。

醴陵瓷还有一个代称,叫 1380。其实就是指烧窑的温度是 1380 摄氏度,在这个温度下,瓷器的颜色和泥料会呈现出非常水润的状态。一般来说,瓷器烧制的温度越高,就会显得更加莹润。这个瓷质的感觉特别像丝绸,很细腻、洁白,显得非常高贵。这个瓷泥烧制出来的白色不同于苍白,是一种润白,不带黄色。我父亲当年也画过人物和山水,但是基于瓷泥的特点,他最终决定单纯用花卉来突出表现这个材质美。以前的醴陵瓷相对来说比较粗犷,色彩很浓艳。有人说传统的醴陵瓷是唐代的审美,是大红大绿的。尤其是 20 世纪 80 年代,用红、黑、绿等一些饱和度很高的颜色在瓷瓶上装饰满花。后来,父亲用他对陶瓷的美和对自然的观察理解,总结出了这个工艺,通过细腻的瓷泥和"薄施淡染"工艺相结合,让陈扬龙窑形成了自己的风格。

这个工艺在实践的过程中,跟很多院校老师进行过合作,也得到了很多鼓励和支持,比如原中央工艺美术学院的常沙娜院长和张守智老师。张守智老师当时就跟我父亲说:"扬龙,你一定要把我们醴陵瓷这种独特的工艺发扬光大,把这个工艺往深里挖,走一条属于自己的路。"其实现在很多老师都在画瓷器,但是"画"体现不出陶瓷本身的工艺之美和地方特色。正是因为张守智老师的鼓励和肯定,我父亲才能在这几十年里,一直坚持不断地琢磨这个工艺,最后形成了自己的风格。

申彬 × 湖南醴陵釉下五彩瓷

采访实录

您现在主要在做哪些工作？

我们现在主要传承"薄施淡染"这个工艺，让更多的人知道醴陵瓷，了解陈扬龙窑。首先，我们在系统地整理色彩体系。醴陵瓷是釉下五彩，颜色是特别重要的部分。但是目前很多颜色只适用于传统工艺，有深色和淡色，缺少中间的过渡色。"薄施淡染"的颜色需要有很丰富的层次，所以完善色彩是我们接下来研究的一个方向。其次，我们希望能扩展创作题材。我父亲已经把花卉创作到一定高度了，现在我们想通过人物、鸟兽等题材，在运用"薄施淡染"的基础上多做一些尝试，用陶瓷的工艺来表达自然界的美。最后，我们希望将醴陵瓷更好地传承下去。我在带自己工作室学生的同时也会到学校里，给院校学生讲述我们的工艺和制作过程。

醴陵瓷的历史渊源是什么？

很多人对醴陵并不了解，它是和景德镇、德化齐名的全国三大"瓷都"之一。20 世纪 50 年代，国家领导人的专用瓷是由醴陵这边制作的。这个瓷器的品类是在清末时期受到支持推广，当时湖南爱国人士熊希龄留学归来，看到外国的瓷器比中国做得更好，强烈呼吁要振兴国内瓷业，万言书呈请清政府在醴陵创办瓷业公司和瓷业学堂。后来邀请日本技师和景德镇绘瓷高手，再加上我们当地的一些老师傅，合力才诞生出釉下五彩瓷。

您参加"清华美院 – BMW 非遗保护创新基地"有什么收获吗？

我觉得这是人生中非常难忘的一次学习经历。我们平时就跟着父亲扎扎实实地学习传统技艺，美院的老师给予我们更开阔的视野，在设计和与当代人生活的结合方面给我一些启发。我意识到做手艺一定要有服务意识，要思考当代人需要什么，怎样才能和技艺相结合。如果不在使用场景中传承的话，这些技艺就是一直在复制祖辈的东西。在清华美院，很多设计专业的老师给我们上课，他们会让我们在现场进行头脑风暴，产生一些好的想法，这是很特别的学习经历。现在已经过去四年了，这些东西已经变成了我的潜意识，成为我制作瓷器首先要考虑的一点，让人与物品之间在精神上产生连接。

申彬 × 湖南醴陵釉下五彩瓷

申彬作品《蒲塘妙趣》

申彬 × 湖南醴陵釉下五彩瓷

采访实录

申彬作品《洛城春晓》

您现在有哪些传承这项技艺的方式？

我们去了很多湖南的院校，给大中小学的学生们普及瓷器的知识，让他们知道醴陵瓷是我们当地的瓷器。另外，我们接受了很多主流媒体的采访，包括中央电视台、人民日报、湖南卫视等，一有机会就给大家讲"薄施淡染"工艺和背后的故事。

您有什么创新的案例可以分享呢？

我们尝试做过餐具、茶器等生活中能用得上的产品，还是挺受大家欢迎的。我们和其他非遗项目跨界做了一些灯具，也做得挺有意思的，但是没有投入市场。一个原因是精力有限，另外一个原因是灯具的生产需要厂商给我们批量提供精良的配件。很多人想要我们做一些小件产品，但是现在我们的人手比较少，还是希望把时间用在擅长的方面，以个人作品为主。

您觉得未来该怎么传承非遗？

我认为最重要的还是思维的转变，陶瓷制作是想法在前，手艺在后。我觉得还是要去拓展视野，跟更多的老师学习、碰撞，勇敢地迈入新的时代，不断去尝试。

对于未来非遗的发展您有什么想法？

现阶段我们"薄施淡染"工艺还在体系搭建的阶段，需要不断去完善更新，希望能在颜色和题材方面有所丰富。未来我希望这项技艺能够成为一门课程，进入到校园当中，让新鲜血液加入进来。

申彬作品《玉如意》

申彬作品《薄胎玉牡丹》

项目心得

2016 年，姐姐和我有幸成为清华美院非遗研培班的一名学生，我们开阔了眼界，带着思考去丰富自己今后的创作，也更明确了今天的非遗传承首先是育人，是道心的传承，要树立一个做君子的目标，而不仅仅只是对技术上的一种养育。回来以后我和姐姐就撸起袖子加油干。一年后，我们非常荣幸地在中国最高艺术殿堂——中国国家博物馆举办了陈扬龙瓷艺展，成为国家博物馆这一百多年以来第一个陶瓷艺术家族展览。而我的作品在专家老师的严格审核下也走进了国博，我也成为在国博办展的最年轻的一位手艺人。

2019 年 9 月，我和姐姐再一次受邀参加了国家博物馆举办的"庆祝祖国七十华诞首届工艺美术大展"，展览上我向国家博物馆馆长和故宫博物院院长介绍了我们的作品，郑院长说："你这么年轻，就做得这么精美，那你再大一点年岁，我都不敢想象你会做到什么样子。"我开心地告诉院长："其实这真的不是我有多大的能力，所有的成绩是源于几代人的积累，和父亲精神的引领。""造物忌巧，待人以诚"是我们的家训，父亲告诉我们做手艺，最重要是一个字是"诚"，做一个诚实的人，守心为要，不投机取巧，工艺虽繁，不敢删减。"百工之事，皆圣人之作。"

20 世纪是日本陶瓷的世纪。陶瓷的贡献，不仅仅是器物本身，更是它所代表的生活方式，我相信 21 世纪是我们中国人的世纪，更是中华文化的世纪。作为一名非遗传承人，我希望有一天我们的作品能走入卢浮宫、大都会等世界级博物馆，以器物承载精神，用中华文化来影响全世界，愿世界和平，战争消减，人民安居乐业。

申彬作品《小神仙》

非遗守正创新

非物质文化遗产的保护性活化案例

成新湘

CHENG XIN XIANG

× 湘绣

湘绣，是勤劳智慧的湖南人民在漫长的人类文明历史发展过程中精心创造的、具有浓郁湘楚文化特色的刺绣工艺。

成新湘 × 湘绣

成新湘 × 湘绣

工艺介绍

湘绣，是勤劳智慧的湖南人民在漫长的人类文明历史发展过程中精心创造的、具有浓郁湘楚文化特色的刺绣工艺。湘绣源远流长，至今已有两千多年的历史。从春秋战国时期的楚绣和长沙马王堆出土的西汉刺绣实物中，可以窥见当时湖南地方刺绣技艺已经达到令人惊讶的高度。经过长期演变，湘绣形成了以中国画为基础，融西洋画技法于一体，以近百种针法和多种色阶的绣线，在各类底料上充分发挥针法表现力，精细入微地刻画物象外形内质的特色。20世纪初，湘绣以其独特风格，在国内外获得多项殊荣，成为中国四大名绣之一。

成新湘团队作品 湘绣提包（局部）

主要工艺流程

- 制稿

湘绣对制稿的要求相当严格，设计者头脑中对于艺术的领悟能否完全转化成画面，将直接影响成品的艺术性与观赏性。湘绣制稿、临稿一直秉承手工绘制，虽然有电脑打印，但仍无法替代手工绘制对湘绣艺术附加值的作用。

- 配线

湘绣丝线颜色丰富，可分为青、黄、红、黑、白、绿、赭、紫、焦、葱十大类，根据染制的深浅不一有上千种不同的色调，基本上可称为有色皆备。湘绣配线有专人负责，配线艺人凭借对色彩的敏锐判断，配出恰当的颜色。

- 饰绷

湘绣需要在绣制前将刺绣底料固定于绣绷上，使绣制底料紧绷平整，这样绣制出的作品才会平整，不易变形。

- 刺绣

湘绣根据不同物象肌理的不同要求，发展到七十多种针法，其中最具代表性的针法为鬅毛针法和双面全异绣技艺。

- 装裱

湘绣作品装裱需根据绣品的题材、风格等确定装裱的选材与形式。好的装裱能更好地衬托绣品的价值。

成新湘 × 湘绣

传承人简介

成新湘

- 非物质文化遗产项目"湘绣"代表性传承人
- 高级工艺美术师
- 湖南省湘绣研究所有限公司湘绣生产部主任

成新湘从业三十余年,在一针一线之间悉心培养了一大批湘绣人才。作为湘绣鬅毛针法的第四代传承人,她始终秉承匠人初心,以"绣花精神"书写新时代非遗传承人的责任和担当。先后被授予"全国劳动模范""轻工'大国工匠'"等荣誉称号。

采访实录

成新湘团队作品《繁花》系列发饰

> 「非遗是中国千年来的传统文化,我们一定要把这些传统的精髓保留下去,并且在此基础上去做创新。」

您是从什么时候开始接触湘绣的?

我小时候,我父亲就在湖南省湘绣研究所工作,我家院子里也经常会放一些湘绣,但那时候我并不了解湘绣,只是觉得这些图案非常漂亮,很好奇这些刺绣作品是怎么做出来的,于是我就经常跟随父亲去车间里看老师傅做刺绣,但当时并没有考虑过要从事这一行业。后来因为我父亲过世得早,我是家里的老大,要承担起家庭责任,因此在我16岁时,我去了湘绣研究所工作,正式开始学习湘绣。

可以介绍一下您刚才提到的湘绣研究所吗?

湖南省湘绣研究所是湘绣研发、生产、销售的专业机构。前身是于1949年成立的国营红星湘绣厂,是国家级非物质文化遗产生产性保护示范基地、湖南省非遗代表性项目保护单位,现在是刺绣行业唯一一家国有企业。研究所先后培养了九位国家级工艺美术大师、十位省级工艺美术大师及一大批专业技术人才。研创的湘绣核心技艺"鬅毛针",使狮、虎题材成为湘绣经典代表作品,双面全异绣工艺被誉为"不可思议的魔术般的艺术"。作品多次被人民大会堂、中南海等国家殿堂收藏,并作为国礼外赠。

成新湘 × 湘绣

采访实录

湘绣技艺的特点是什么？和其他刺绣的区别在哪里呢？

湘绣是中国四大名绣之一，是以长沙为中心的刺绣工艺品总称，有着"绣花能生香，绣鸟能听声，绣虎能奔跑，绣人能传神"的美誉。2006年被列入国家级非物质文化遗产项目保护名录，2018年列入国家首批传统工业振兴项目。

中国有"苏、湘、蜀、粤"四大名绣，苏绣精细雅洁，湘绣浓郁大气，蜀绣生动严谨，粤绣华丽立体，不同的地域文化为当地刺绣赋予了独特的风格特色。传统湘绣除独特的工艺语言外，还有题材广泛、品类齐全、从业人员众多等特点，使其从各地绣种中脱颖而出，位列四大名绣。业界更有"苏猫湘虎"一说，因湘绣绝技"鬅毛针"使狮虎像成为湘绣经典代表作品。

您在参与"清华美院-BMW非遗保护创新基地"培训项目后，有什么收获？对您今后在非遗保护与创新发展方面有什么帮助？

这次培训下来，最大的收获是提高了眼界、开拓了思维。湘绣这种传统技艺，在过去常以工艺欣赏品、收藏品的形式出现，每个手艺人都在追求技艺巅峰，对现代审美和市场需求的变化不敏锐。经过培训后，我意识到湘绣可以与各种艺术形式跨界合作，研发文创产品，让湘绣走进现代生活，符合当代人的审美和生活需求。

此外就是在人才培养方面有了新的见解。比如着重培养90后、95后青年传承人，不仅是培养传承人的技艺，更要注重综合能力，培育符合时代发展需求的新时代非遗传承人。

总的来说，很感谢BMW提供的机会，能让我们跟这么多专家教授面对面学习交流。其实我们这些手艺人的文化水平都不怎么高，这次能到清华美院参加培训，对我们来讲真的非常难得，我们每个人都很重视、很珍惜。

成新湘 × 湘绣

成新湘团队作品《繁花》系列首饰

成新湘 × 湘绣

采访实录

关于"非遗走入现代生活"的理念您有什么心得吗？

对"90后""00后"来说，精湛的湘绣技艺和精美的湘绣作品让他们心生喜爱，惊羡不已。但又因为昂贵的价格望而却步，同时市场上湘绣作品鱼龙混杂，好的湘绣作品难得一见，也让年轻人留下了一些"湘绣是大红大绿"的刻板印象，无论是价格，还是审美偏好，都让年轻人产生了"距离"。因此，为了让湘绣"火"起来，整个湘绣行业开始将湘绣工艺与湖南本土特色文化相结合，开发独具地域文化特色的创意产品，让湘绣融入我们的日常生活中。比如，我们结合轻科技研发《喜上枝头》智能音箱、充电宝等系列产品，还有湘绣饰品、商务礼品、家居用品等，深受市场喜爱。我非常看好这方面的发展。

另外，我们在培育人才方面更加多元化了。我们的专业技术人才不能只知道每天低头做自己的工作，他们也应当学会去介绍湘绣和推广自己。有了这方面的意识，才能真正将湘绣非遗宣传出去。

成新湘团队作品 湘绣茶盘

湘绣的传承模式是怎样的?

我刚进入湘绣研究所时,是传统的师傅带徒弟模式。2006年我们研究所开创订单式培养湘绣人才的模式,首批招生七十余人进入研究所专职刺绣。研究所现有青年传承人四十余名,都有专业院校的学习经历,对湘绣技艺有一个初步的基础。入所后,研究所根据青年传承人不同的手性,因材施教,如成立鬅毛针小组、传统精品花卉、孔雀等小组,分类阶梯式培养青年传承人。除培养学生掌握好一门手艺,也让他们学会推广和宣传非遗、打造非遗 IP 形象。比如在某些重要的传统节日,学生们穿上汉服等传统服饰,拍摄湘绣文化短片,这种沉浸式的文化氛围很受学生们欢迎。目前,首批90后青年传承人已专职刺绣十三年,成为湘绣发展的骨干力量。

成新湘团队作品 湘绣提包

采访实录

您刚才提到的湘绣培训学校,目前办学情况如何?

2006年,研究所与本地大专院校合作,订单式培养湘绣刺绣专业技术人员,研究所委派老师教学,学校负责招生,首批招收学生七十余名,毕业后进入研究所专职刺绣。随着党和国家对传统文化日益重视,社会对非遗的关注度不断增加,学校成立了湘绣学院,每年面向社会招生,为行业输送了新鲜"血液",但这些学生距离成为一名真正的非遗传承人还很远。入行后,要沉淀十年才能掌握湘绣的基本技能,学艺期间的清贫和寂寞是对湘绣学子的最大考验,也是人才流失的重要原因。

目前研究所为了解决学子的"后顾之忧",一方面因材施教,以省级大师、资深高级工艺美术师为指导团队,分类培养湘绣刺绣学子;另一方面积极争取政策支持,减轻青年刺绣学子的生活负担,这样从学校毕业的学生能潜心从事非遗传承,目前湘绣所拥有90后青年传承人四十余名,而00后的加入更接续了湘绣非遗的代际新传承。

您觉得近几年,非遗文化面临的最大挑战是什么?

这几年我确实能感受到非遗的热度在上升,但要有力推进非遗的传承与发展依旧是有困难的,其中一个很大的问题就是传承人的培养。非遗传承是活到老学到老的过程,像我做湘绣三十多年了,仍有很多技法没学精,现在培养一个传承人的投入成本、时间成本都是非常高的。农村留不住人的原因就是做农活赚钱少,同样,年轻人学习手艺很难在短时间内见到收益,如果没有更好的政策支持这些年轻人留下来,人才培养会是我们很大的难点。

未来三至五年您有什么规划呢?

除了继续培养传承人,我会致力于湘绣文化创新。现在国家非常重视非遗的传承和发展,我们湘绣非遗是非常有市场前景的,我希望有更多的人能来到非遗领域创新创业。非遗是中华民族流传下来的优秀传统文化瑰宝,我们一定要把这些传统的精髓保留下去,并且在此基础上去做创新。

项目心得

我从 1989 年进入湘绣所工作，一直专职从事刺绣，到目前已经是第三十三个年头了。2017 年，我参加"BMW 中国文化之旅"活动，并参加了由文化部、教育部主办的"中国非遗传承人群研修研习培训计划"，首次以学生的身份踏入清华大学美术学院，度过了一个月紧张的学习生活。这一个月对我来说意义非凡。这次学习不仅扩展了我的非遗视野，提高了我对东方美学的理解和领悟，更是打破了我的思维局限，为非遗传承与保护提供了不一样视角。

我记得在开幕第一天下午，文化部非遗司前巡视员马盛德做了《我国非物质文化遗产保护现状、问题及对策》的开场报告，深入浅出地阐释了有关非遗的一系列保护政策、理念和举措，还带来吴元新、何满等传承人研发的新产品作为教具进行了现场示范。马盛德巡视员的讲座加深了我对非遗的理解与感悟，让我非常有触动，备受鼓舞，决心完成好在清华美院期间的学习。

学习期间，我们湖南的十位非遗传承人，与其他十六个省的不同民族、不同地域的二十位行业青年骨干，以及藏族传统工艺传承人一起学习、交流和合作，建立了"同窗"之谊。

成新湘团队作品《喜上枝头》系列

成新湘 × 湘绣

项目心得

这次学习不仅提高了非遗传承人的理论素养，更把美院学生、时装设计师等不同人群聚合在一起，将非遗工艺与纯艺术视角、时尚潮流结合在一起，开展跨界合作。我们湘绣与时装创意设计合作，为大家呈现了美轮美奂的非遗跨界时装秀。台上的模特穿着融合了非遗元素的服饰，恰到好处的民族风情给人带来全然不同的视觉体验。

一个月的学习是短暂的，但是这一个月的影响却是深远的。我更坚定决心，一定要做好湘绣的传承与创新，绣出一片新天地，让后辈的湘绣艺人能够在我们这一代的努力和铺垫下走得更高更远。

学习结束回到湘绣所后，我继续坚持对青年传承人的培养。湘绣所一直以集体生产实践的方式培养湘绣人才，我作为生产部门主任，与几位国家级大师、省级大师、高级工艺美术师一起培养湘绣 90 后传承人。现在共有青年传人四十九位，从业最长者已经十三年，其中四十五人获中级和助理工艺美术师职称，一人获湖南省"五一劳动奖章"，一人获"全国技术能手"称号，两人获"全国轻工技能能手"称号，一人获"长沙市三八红旗手"荣誉称号。

另外，我和团队成员一起研制人们买得起、有温度、有情感、有故事的湘绣文创作品，让湘绣走进现代生活，走进千家万户。在继承传统基础上不断推陈出新，以"湘绣点亮生活"为理念，在产品题材、风格、材料、载体上不断创新，以适应现代生活、家居、商务、办公等领域不断变化的审美需求。如跨界开发轻科技产品刺绣指纹笔记本、充电宝及蓝牙音箱，从马王堆西汉刺绣纹样中提取元素并运用现代审美理念设计湘绣"凤仪"饰品，以古乐器"阮琴风"为造型设计的两用项链，以及"繁花"系列生活美物等二十多类文创衍生品，让来湖南旅游的游客回程时"带一份湘绣之礼"，潇湘赤子走到世界各地"送一份湘绣之礼"。

近年来，我们也积极适应文旅大融合的趋势。湘绣所依托湘绣博物馆，创新开发 研学课程、湘绣体验材料，以"针尖上的湖湘之美"为主题，形成"逛展馆—观工艺—听讲课—学湘绣"的文旅体验路线，宣扬湖湘文化，厚植绣花精神。同时将湘绣与传统习俗、党建、亲子等不同主题融合，开展形式多样的湘绣体验活动，让来湖南的游客既能感受到"娱乐"长沙的热辣，也能感受到"文化"长沙的精细与优雅。

如今 Z 时代人群已经逐渐成为世界的重要力量，在互联网背景下成长的一代人有他们独特的个性。面对这一代的年轻人，我常思考，湘绣不能"倚老卖老"，而是要紧跟时代步伐，进行创新发展，实现创造性转化。积极创作和传播优质的文化产品，把精益求精的工匠精神融入其中，培育青年一代对传统文化的感知力和领悟力，激发和挖掘国民的文化消费潜力，以优质文化产品构建人民美好精神文化新高地。

戚新湘刻漆作品《十二生肖大漆铜镜》

刘嘉豪
LIU JIA HAO

× 铜官陶瓷

长沙铜官窑是世界陶瓷釉下彩的发源地，其陶瓷烧制技艺源远流长，文化内涵丰富，独具特色。

刘嘉豪 × 长沙窑铜官陶瓷烧制技艺

刘嘉豪 × 长沙窑铜官陶瓷烧制技艺

工艺介绍

长沙铜官窑是世界陶瓷釉下彩的发源地，其陶瓷烧制技艺源远流长，文化内涵丰富，独具特色。据《监略妥注》载："舜陶于河滨，而器不苦窳。"即在殷商之前，舜帝就带领先民在湘江一带开始了制陶之业，进行原始的手工制作。至唐代铜官陶瓷发展迅速，技艺逐渐成熟，通过"海上丝绸之路"远销东南亚、西亚、北非等地区的诸多国家，名声远播，影响深远，在历史上留下了光辉的一页。

刘嘉豪作品

传承人简介

刘嘉豪 × 长沙窑铜官陶瓷烧制技艺

刘嘉豪

- 非物质文化遗产项目"长沙窑铜官陶瓷烧制技艺"代表性传承人
- "泥人刘"第四代传人
- 长沙泥人刘陶艺有限公司设计总监

刘嘉豪师从国家级非物质文化遗产传承人刘坤庭,于2012年开始研究陶瓷肌理与器型,载体为长沙窑本地"料土",注重自然之美、人文之美,将对自然与人文的理解融入自己的作品之中,并融合现代审美,在铜官窑设计上达到了新高度。

刘嘉豪 × 长沙窑铜官陶瓷烧制技艺

采访实录

『从做陶瓷开始，我就在传统柴窑烧制技艺基础上，尝试结合其他窑口的风格，探索美学上的创新。』

长沙铜官窑有什么特点？

长沙窑铜官陶瓷烧制技艺是国家级的非遗项目，是在湖南湘阴岳州窑的基础上发展起来的，主要生产青瓷。铜官陶瓷首创的青瓷釉下多彩，是中国彩瓷工艺的里程碑。唐代长沙窑以出口瓷器为主，融入了大量西域文化元素。

铜官窑与其他瓷窑有什么不同？

长沙铜官窑陶瓷最重要的特点是其艺术手法与其他瓷窑不同，例如运用了釉下彩绘和模印、贴花、堆花、划花等唐代时期装饰手法。除此之外，长沙窑还将唐代的诗词呈现在了器皿上。

刘嘉豪作品

您从什么时候开始接触铜官窑？

我的家族一直在铜官做陶瓷，到我这里已经是第四代了。我从小就接触陶瓷，大学毕业之后就慢慢开始自己做。我们这个窑口目前还属于比较萧条的阶段，并不能光在作品上下功夫，还需要让更多的人参与进来。近几年我开始和院校合作，成立陶瓷相关专业，培养技术人才。

对于铜官陶瓷的烧制，您有没有想过在传统的基础上做些改变？

从做陶瓷开始，我就在传统柴窑烧制技艺基础上，尝试结合其他窑口的风格，探索美学上的创新。经过上一次在清华美院的培训，我开始尝试结合其他材料。近些年，湖南本地的餐饮企业想打造具有地方文化特色的品牌，与我们联合做了一些非遗项目，主要在装饰品上展开探索。

刘嘉豪作品

刘嘉豪 × 长沙窑铜官陶瓷烧制技艺

采访实录

您参加"清华美院 - BMW 非遗保护创新基地"最大的收获是什么？

在清华美院学习的时候，我接触到很多非遗项目和不同的工艺，这打开了我的视野。之前我一直很纠结自己的作品风格，是不是一定要和长沙窑产生关联。经过老师的指导，我意识到不应该把自己局限在一个窑口上。班上还有很多同学给我传授发展非遗的经验，让我能够联合更大的力量来做这件事情。

您对非遗活化走入现代生活怎么看?

我祖父那几代人做的大部分是陈设用品,比如佛像。我父亲的作品也是以艺术品为主,到我这一代再走他们的老路是比较难的。我现在做的产品必须有使用场景,能走进生活。所以我开发的产品主要以实用为主,也得到了比较好的反馈。

刘嘉豪作品《大漆 公道》

刘嘉豪 ✕ 长沙窑铜官陶瓷烧制技艺

退灰

采访实录

刘嘉豪 × 长沙窑铜官陶瓷烧制技艺

对现在非遗的发展您怎么看？

现在有更多的人开始关注非遗，这是一个机遇。随之而来也出现了新的问题，我们需要考虑大批量生产，也需要有更完整的团队来运营非遗产品。我是做手工的，擅长做产品设计，但是对品牌运营和市场运作都不专业。

铜官窑产品的定位人群是什么？

铜官窑产品主要分成两类。一类是政府和企业的礼品，一个单品的价格大概在500至1000元之间。另一类是城市伴手礼，长沙窑比较受地方政府的重视，但是缺乏一款性价比高、外观呈现符合消费者期待的产品。

有没有考虑过做一些文创产品？

我们想过做钥匙扣、冰箱贴、书签等文创产品，对于我们来说工艺难度也不大，主要是缺少好的包装和推销。现在我的大部分精力都放在了做手工作品上面，成立了以自己为主导的一个柴烧品牌，销售机制是代理商模式，目前的市场状况是比较不错的。

在铜官陶瓷的发展方面，未来三至五年您有什么计划？

未来我希望能开发系列产品，让长沙窑走入市场。还希望能跟学校合作，培养一些人才加入到铜官窑的制作生产中，未来一起从事这项工作。

刘嘉豪 ✕ 长沙窑铜官陶瓷烧制技艺

项目心得

"清华美院—BMW 非遗保护创新基地"的研培带给刘嘉豪的收获，并非在柴烧技法上，而是年轻一代的非遗传承之路该怎么走。过去几年做柴烧是他的兴趣，但现在他开始认真思考传承，思考"铜官窑"背后独特的审美。

在去清华美院之前，刘嘉豪怀着与中国众多非遗传承人交流传承经验的心思，希望向其他烧陶大师请教有关柴烧的技艺。在铜官街长大的他，脑中关于陶的记忆太深，从小眼见、耳听、手触，让他在烧陶上有一定的天赋，一路走来获得不少荣誉并成为年轻的非遗传承人，但他并不希望永远活在父辈的光环下。在清华美院的学习过程中，他找到了自己想要的，"'泥人刘'要传承，但我可以做点与众不同的东西。"

现在，刘嘉豪不再局限于兴趣，传承是他的最终方向，但也不只有烧陶技艺，他还想把铜官窑的审美带给大众，一方面寻思着把铜官窑的美用在民宿或其他器物上，另一方面他正和妻子一起经营着"泥人刘"这个品牌。作为一名 90 后，刘嘉豪比同龄人多了几分成熟与内敛，但在铜官窑的传承上，他却大胆提出与众不同的新想法，在铜官窑的传承上达到了新高度。

刘嘉豪作品《石幽》

吴灵姝 × 江苏南通蓝印花布

吴灵姝
WU LING SHU

× 南通蓝印花布

蓝印花布,是一种通过花版漏浆防染技术,使用靛蓝染料染制的纺织印染品

工艺介绍

吴灵姝 × 江苏南通蓝印花布

蓝印花布，是一种通过花版漏浆防染技术，使用靛蓝染料染制的纺织印染品。

蓝印花布的基本工艺是将黄豆粉与石灰粉按照一定的比例，混合调制成为"防染浆"，再通过镂空花版把浆刮到织物上，然后将布匹浸入染缸，最后晒干并刮去防染浆即得到成品。由于靛蓝染液不能进入附着防染浆的部分，呈现出纺织物本身的白色，形成了有花型的局部防染。蓝印花布可以说是颇具匠心和创造力的民间传统印染方式。

蓝印花布作为国家级非物质文化遗产，其纹样涉及内容丰富，工艺特征明显，艺术内涵浓厚。纹样在设计上有着"断刀"的特点，通过断断续续的线、点、块面构成画面形象，雕刻完成的花版形似剪纸，具有实用性，各个图案之间的间隔、组合方式都非常讲究，并非随意随性结合，巧妙地让工艺限制形成一种独特的审美风格，这是古代劳动人民智慧的体现。常用的艺术形象如"凤凰""麒麟""蝙蝠""牡丹""蝴蝶"等都经过了高度的概括和夸张，虽抽象却又能让人一眼就感受到其中的中国风味，散发出浓厚的民间传统艺术的气息。此外，因雕刻花版艺人的刀法和印染时染人的手法不同，最终完成的布匹图案风格也有所不同，成品上出现的那种被称为"冰裂纹"的天然不规则花纹，更赋予了每一块蓝印花布独特的灵魂。

吴灵姝 × 江苏南通蓝印花布

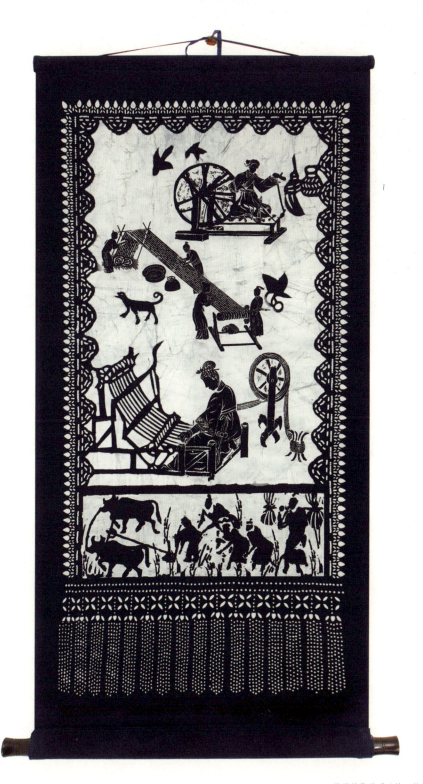

吴灵姝作品《壁挂—纺织图》

传承人简介

刻版

吴灵姝

- 非物质文化遗产项目"南通蓝印花布印染技艺"代表性传承人
- 南通蓝印花布博物馆副馆长
- 南通大学蓝印花布艺术研究所研究室主任
- 正高级工艺美术师
- 高级乡村振兴技艺师

长期致力于国家级非遗项目蓝印花布的抢救、保护、研究、创新和传承工作,为传统工艺振兴、乡村技艺振兴做出努力。她深入全国蓝印花布的主产乡村抢救保护了一万余件古旧蓝印花布精品,建立了全国第一个蓝印花布纹样数据库;先后出版蓝印花布相关专著十部,发表论文十二篇,主持和承担蓝印花布研究国家级项目共三项,主持省部项目二项;创作的作品获得国家级文艺大奖"山花奖"、江苏省紫金文化创意设计大赛金奖。

采访实录

吴灵姝 × 江苏南通蓝印花布

「我认为作为传承人还是要保留蓝印花布原本的工艺特色,通过提取图案的基本元素,结合现代设计手法,挖掘出蓝印花布独特的美。」

刮浆

您是从什么时候开始接触蓝印花布的?

我们南通蓝印花布博物馆创办于 1996 年,主要是做蓝印花布的抢救、保护、研究、传承和创新的工作,到现在已经二十五年了。我从小就跟着父亲做蓝印花布的相关工作,大学期间真正开始学习工艺,研究生毕业之后回到南通进一步学习和实践。

您都做了哪些工作?

在传承方面,我们做了很多蓝印花布的理论研究工作,出版了一些相关专著。同时,抢救保护了四万多件民间蓝印花布实物,并进行编号整理。在文旅部的支持下,我们在南通大学开设蓝印花布的研培班,已经办了八期,每一期大概有五十人参加,我们想让更多的人能够接触、掌握蓝印花布技艺。在创新方面,博物馆创办时我们就在开发文创产品,比如包袋系列、围巾壁挂、拖鞋、手机壳等多个品类,希望让蓝印花布融入当代生活。

吴灵姝 × 江苏南通蓝印花布

采访实录

蓝印花布的销售模式如何?

我们的产品主要通过线下进行销售,在商店、机场和博物馆里都有实体店。我们也尝试过直播带货的形式,效果很不错,但是因为我们大部分的精力要放在传承上,没有专门的运营团队,所以线上还是以展示为主。

销售情况怎么样?

现在由于新冠疫情等影响,整个市场没有以前那么活跃。蓝印花布作为南通的地方特色,销售也是一种宣传。我们现在以传播蓝印花布的文化为主,吸引更多的人了解甚至喜欢这项技艺,从而引起自发性购买。另外,我们也希望加强对蓝印花布品牌的建设,做出有中国特色的品牌。

吴灵姝 ✕ 江苏南通蓝印花布

您参加"清华美院 – BMW 非遗保护创新基地"项目最大的收获是什么?

蓝印花布的工艺比较复杂,耗时较长,比如刮完浆需要时间晾干,所以之前我们没有想过把这项工艺带出去让大家体验。这次项目由于宣传需求,给了我们一个课题,让人们能够在两小时内快速了解、体验这项技艺,并把自己的非遗作品带回家。我们就想到了用更轻薄的面料,并重新调配防染浆等方法去实现这个课题。这个活动也是一个很好的契机,让人们不仅能走进来体验蓝印花布的制作过程,我们也能走出去,进而推动蓝印花布技艺的传播。同时在这个活动里,我们也认识了许多喜欢传统文化的朋友,有机会做一些跨界的尝试。

吴灵姝蓝印花布作品

吴灵姝 × 江苏南通蓝印花布

采访实录

吴灵姝作品《南通风情折扇》（左上）、《绞缬真丝折扇》（右上）、《真丝拼色靠垫》（左下、右下）

这门手艺的传承模式是什么？

一方面是家族式的传承，另一方面是社会培训，在院校当中授课。因为蓝印花布的学习周期很长，要把刻板、刮浆、染色等每一项工序都学扎实，不能立刻带来收益，所以把蓝印花布作为事业的青年传承人比较少。现在有很多年轻人学习过蓝印花布之后，选择作为老师或者其他职业来传播这项技艺。

您对于南通蓝印花布的未来发展有什么想法？

蓝印花布最早是家纺产品，是贴近日常生活的手工艺品。我们希望通过对面料、色彩、纹样、品类等方面的创新尝试，让蓝印花布更加符合当代人的审美需求，进入到人们的现实生活中。我认为，作为传承人，保留蓝印花布原本的工艺特色，比如南通蓝印花布点线面的图案和造型，这是创新的基础。我们在这个基础上可以通过提取图案的基本元素，结合现代设计手法，挖掘出并形成蓝印花布独特的古典与现代美。像我们做的围巾就选用了轻薄的真丝材质去呈现工艺，在色彩方面没有用深沉的蓝色，而是加入了一些渐变色，使之能够搭配不同风格的服饰。

项目心得

传承不是拘泥，是要有所进展，勇于探索。2008年"BMW中国文化之旅"来到南通蓝印花布博物馆，体验传播蓝印花布技艺；2016年，我和父亲吴元新有幸在"清华美院—BMW非遗保护创新基地"成立仪式上做保护和传承的相关发言。基地的成立，给了现代传承者们一个很好的机会和平台去探索，去探讨如何在当下，把一份传统技艺更好地传承下来；同时，蓝印花布与BMW的合作更加紧密，特别是在BMW夏令营活动中，我们前往上海、无锡、济南等地开展蓝印花布技艺体验活动十余次，传播蓝印花布文化，传授蓝印花布技艺，让蓝印花布走入了更多人的视野。

在创新基地的学习中，我们对蓝印花布的创新有了新的认识。更好的传承就代表着要有更多的尝试，蓝印花布可以创新的地方有哪些呢？自古传承下来的蓝印花布制品都以"深色调，满纹样"作为特点，只印染棉布一种材料，那为什么不试试用其他的载体材料，用更现代的画面设计呢？在完成学习后，我们很快就将这样的启发转化为实验。实验中，我们减小印花面积，让更精细的印花变为点缀，辅以深浅不一的印染蓝色调；不仅仅是棉织品，对传统染料比例，传统印染手法也加以修改调整，真丝材料也一样可以被蓝印花布技艺所使用；被面、包袱、帐檐这些现代人都不再使用了，蓝印花布元素可以使用在更为时髦的围巾、手提袋、发圈甚至是高跟鞋上……

经过学习与实验，我设计的"青出于蓝真丝家纺"系列受到广泛好评，我将蓝印花布工艺中的"一色"变为类似的"多色"，充分地把蓝印花布中的原本单一的"蓝"分化出各类色调不同的"蓝"，再减少原本充满布匹的纹样，进行精简处理，让图案和色彩更能融入现代人的生活。我们将单面印花创新为双面印花，将窄布印染发展为宽幅印花，将单色创新为复色布，将蓝印花布单一棉布品种发展为丝绸、羊绒、棉麻等，创新制作了百余个蓝印花布纹样，获得了五十二项国家外观设计专利，创新设计的作品荣获江苏省紫金文创设计大赛金奖。

蓝印花布是从人们的日常生活中走出来的，现在也可以重新以全新的面貌走回日常生活。一直以来，传承人都努力在保护中传承，在传承中研究，在研究中创新，期望通过传统与创新齐头并进的方式，让蓝印花布走进现代人们的生活。

吴灵姝 ✕ 江苏南通蓝印花布

徐克双

XU KE SHUANG

× 湘西竹编

湘西竹编制作技艺历史久远，是传统手工艺的典型代表。

徐克双 ✕ 湘西竹编制作技艺

工艺介绍

湘西竹编制作技艺历史久远，是传统手工艺的典型代表。它主要分布在永顺县芙蓉、小溪、朗溪、永茂、石堤、砂坝、万坪等乡镇。

清朝乾隆时期的《永顺县志》曾有描述："二三月间，妇女结队，负背笼……"，同治年间的《永顺县志》也有记载："出则背负篓，援山拾薪……"。这里记载的背笼、篓都是竹编的一种，通过加工，主要编织品有箩筐、簸箕、米筛、床、椅、笼、凉席等。永顺的竹编技艺，自古以来都是篾匠一代代口传身授，在实践中逐渐掌握编织技巧的。竹编工艺经过无数代艺人的传承和发展，形成了自己的独特风格。

举例小吊坠编制方法：

- 1.首先拿出一根细竹丝打一个圈，头短部分对着左手方向

- 2.拿出一根竹片平放在圈上（光滑的一面朝上，竹片要放至两头一样长短）

- 3.第二根竹片从圆圈的下面往上穿出来压住第一根竹片，然后再穿下去

- 4.第三根竹片从圆圈上面往下穿，挑起第一根和第二根竹片形成一个米字型，按照同样的顺序压一次挑一次，依次穿插完六根竹片

- 5.轻轻拉紧圆圈（拉不圆的话可以边拉边轻轻拨动竹片）

- 6.贴着第一个圈顺时针绕三圈

- 7. 添加一根竹丝，挑一根压一根，上面的竹丝跟着下面的竹丝一起编制四圈（编制时一定要拉紧）

- 8. 把竹片轻轻弯曲竖起来（竖起之前喷水，竹片光滑的部分朝外面）

- 9. 捏紧竹片，顺时针挑一压一编制（编不紧可以喷点水）

- 10. 收口，把竹片顺时针一根一根地叠放在一起，放进细绳，然后用麻绳绑紧

- 11. 将长出来的竹片折断（不要折太短或太长，斜放垂至小吊坠腰身中间的位置刚刚好）

- 12. 折断后将竹片斜插入竹片之间缝隙形成的小孔内

- 13. 最后将玻璃珠从竹片之间小孔挤进去，然后穿完所有的竹片

- 14. 成品

传承人简介

徐克双

- 非物质文化遗产项目"湘西竹编制作技艺"代表性传承人
- 湖南省工艺美术协会会员

土家族，1970年出生，湘西永顺县毛坝乡乾坤村人。自幼随父学艺，勤奋好学，少年艺成。曾走遍湘西、怀化、鄂西、张家界、铜仁、秀山等地的乡村角落，做上门手艺。2003年创办"徐氏竹艺作坊"，秉承发展土家族民俗民间竹编文化的理念，将竹编用具农具转型为具有实用性、观赏性、收藏性的工艺品和旅游纪念品。徐氏竹艺作坊既注重传统工艺，也在不断创新，将创意与工艺结合，创作出多种不同风格的竹编作品，先后参加过多次展览会。

采访实录

徐克双 × 湘西竹编制作技艺

您是从什么时候开始接触竹编的?

在我出生的小镇里,挨家挨户都做竹编,从事竹编手艺的差不多有两千多人,所以我从六七岁开始就跟我父亲学习竹编技艺,到现在为止有四十多年了。

您现在是在经营一家竹编公司吗?

也不算是公司,是我在2003年成立的竹艺店。在开店之前,我们都是到村里挨家挨户上门去做竹编的农具,随着时代发展,越来越多的农民去外地打工了,农户越来越少,我们就不再去农户家里做了,转而成立了这个竹艺店,目前主要是在做旅游文化方面的竹艺品,比如旅游纪念品、装饰品等。

您参加"清华美院-BMW非遗保护创新基地"后有什么收获?

参加清华美院的培训,我最大的收获是将这些传统文化融入了现代的设计形式,让我们平日里的手工实践与设计理论相结合,从而创作出具有创意的新作品。另外,我们在技艺教学与传承模式上的思路也变得不一样了。过去,我们就是单纯地教徒弟做竹编,而现在我们会在一些展会活动上,带社会团体以及学校师生来体验、学习我们的竹编工艺。

经过"清华美院-BMW非遗保护创新基地"培训,您的作品的创新点一般体现在哪些方面?

很多传统的形式不再使用了,取而代之的是让竹元素融入现代人的生活,比如在酒店放一些竹编装饰品,同时也是给竹编做宣传推广。

您推广或售卖产品的渠道一般是怎样的?

目前主要是在一些展会与交流活动上推广自己的产品,同时也会在一些电商平台进行销售,但因为处于起步阶段,效果还没有太明显。

徐克双 × 湘西竹编制作技艺

采访实录

竹编技艺的传承模式是怎样的？

传统的传承方式就是带徒弟，像我父亲曾经带过二三十个徒弟，我也带过十几个，但这其中的问题就是，现在还在使用竹编器具的人越来越少，竹编慢慢被边缘化，很多徒弟都不再做竹编了，再加上这门手艺不是一两年就能学成的，所以现在竹编的传承情况不太乐观。我们作为传承人，还是在一直坚持做竹编，现在除了带徒弟，也会进校园、企业做培训，以扩大竹编的宣传范围。

您有考虑过改变这种不乐观的传承现状吗？

改变传承现状是有一定困难的，毕竟手艺人也要生存，如果这些徒弟们一两年都没有收入，那他们很可能就放弃继续学习手艺了，而像我们竹编更是要花费十年以上时间才能学好，学习成本很高。我的儿子跟我学习竹编有四五年了，现在也只能达到中等水平，勉强维持基本生活。所以说，非遗传承的回报与收益没有那么快能见效，导致很多人做着做着就转行了，这两年还在坚持做非遗的人是很不容易的。

对于非遗现代发展的理念与实践，您有什么心得或者案例可以分享吗？

我们现在做活态传承，以创新发展求生存。比如我们在长沙市的非遗体验馆去开展竹编体验活动，每人收费三十多元，主要面向学校学生，这种竹编体验可以算作学生们的社会实践活动，锻炼动手能力。每次体验课程两三个小时，我们提供材料，教他们编，每个学生都能做出一个小作品来。

在新冠疫情开始前，我们的活动安排比较多。像是以团体为单位的体验课，最多的时候一个月会安排七八次，每个月的体验人数在五百人左右。除此之外还有一些家庭亲子活动，几乎天天都有。

国家现在大力鼓励非遗传承与非遗文创的开发，在这一方面您面临的最大挑战是什么？其中又有什么机遇吗？

这两年由于新冠疫情的原因，非遗馆很少再开展体验课程活动了，非遗技艺没办法得到推广，这算是一个难点。但我们也在开发自己的平台程序，希望通过线上推广的形式获取一些订单，不过在这方面起步比较晚，目前主要是跟一家网店合作，销售量还不错。

您对于未来三至五年有什么规划吗？

我们想去更多的地方推广我们的竹编体验课程，这是我们最向往的发展方向。

项目心得

2017年7月30日是我最难忘的一天,那天收到了清华大学非遗研培项目的录取通知书,一直想上大学的我梦想成真了。

我代表湘西竹编技艺去学习、传播、交流,能走进国家最高学府之一——清华大学,听最权威的专家教授授课,我感到非常激动,以至于我在清华的一个月时间里,每一节课都认真做了笔录。这当中令我印象深刻的有,中国台湾高雄第一科技大学杨彩玲教授的"传统与创新——金工是门好生意",杨老师在课上介绍了自己的创意工作室和金工工艺店;还有日本东京艺术大学美术学部工艺科雕金专业前田宏智教授的"中日金属艺术文化交流",以及在清华美院A301教室讲解的"日本工象嵌技艺",让我理解了日本金工象嵌技艺和日本的创新理念。

2017年11月8日上午,"非遗展演"在清华美院开幕,湘西竹编徐氏竹艺作坊的作品上了这次推文的封面,很好地展现、传播了湘西竹编技艺与竹编文化。

在清华美院学习后,我与美院师生有了更多交流。2018年8月,清华美院自然数团队带领体验团开展"小小设计师、探秘在湘西"活动,专程到湘西徐氏竹花作坊体验竹编技艺,探访湘西文化,我们组织了几场竹编体验课,效果非常好,得到了自然数团队老师的好评。

总的来说,我在清华美院学到很多东西,对艺术的认识与眼界有所提高,在传统工艺的技艺、设计、用材上也有所提升,我会将我所学的东西融入今后的工作和实践中去,深入探究与摸索。

徐克双作品

徐克双 × 湘西竹编制作技艺

肖正清 × 湖南会同竹艺

肖正清
XIAO ZHENG QING

× 会同竹艺

会同竹艺作品因其精细的工艺和严格的取材，既超出了传统凉席的使用功能，又能借助光线展现出不同角度的立体效果。

工艺介绍

会同民间手工竹编技艺（肖氏竹艺）是全手工的绿色技艺，无须染色，利用当地特有的水竹、楠竹，只取竹青和头层竹黄（二黄蔑），通过寻竹、砍竹、选竹、破竹、撕篾、匀篾、刮篾、成丝、煮篾、定稿、起编、出铜口、收编定型等十多道工序，仅靠两把蔑刀和不同的提压编织方法就能将各种图案和字画制作出来，且独创了大字里套小字的编制技法，技艺妙至毫巅。竹篾薄如纸，宽度小于一毫米，却能制作大尺幅的作品。会同竹艺作品因其精细的工艺和严格的取材，既超出了传统凉席的使用功能，又能借助光线展现出不同角度的立体效果，产品亦能够长期保存。

该技艺已于 2015 年被评为湖南省首批"最美珍稀老手艺"，并荣获湖南省"最具发展潜力的传统技艺项目"。

会同竹艺

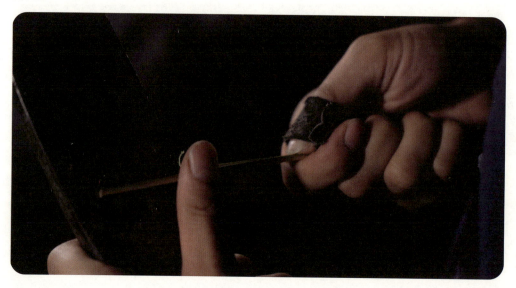

传承人简介

肖正清

- 非物质文化遗产项目"会同民间手工竹编技艺"代表性传承人
- 湖南会同竹艺品牌"肖氏竹艺"创办人

肖正清祖上自太祖肖正淮（乾隆五十二年至道光二十年）开始便以手工竹编技艺谋生，技艺都是父子言传身教，代代相传。肖正清师承其父肖体贵，2012 年毅然放弃条件丰厚的工作，辞职回到会同，拿起篾刀、返乡创业，依托家庭作坊，2020 年 1 月成立了肖氏竹艺有限公司，刻苦钻研、勇于创新，颠覆了省内外专家学者对于竹编制品易生虫、不易长期保存的传统认识。近年来他还积极参加非遗进校园活动，让非遗传承的受众更加广泛。

肖正清 × 湖南会同竹艺

肖正清 × 湖南会同竹艺

采访实录

「我们要将技艺完整保留下来，在此基础上有所创新，走进市场、走进生活。」

肖正清作品《家和万事兴》

您是从什么时候开始接触湖南会同竹艺的？

湖南会同竹艺是省级的非遗项目，我从 2001 年开始学习肖氏竹艺，当时不是全职学习这项技艺，而是一直半工半读，通过业余时间刻苦努力。因为不是从最佳的年龄段开始学习，所以在基本功上欠缺了一些，这就需要通过努力补上。这些年在政府及相关部门的扶持下，肖氏竹艺开始走进人们的视野。

您做竹艺以前从事过什么工作?

我的专业是电子信息工程,毕业之后在长沙工作。我父亲是肖氏竹艺的传承人,现在已经七十多岁了。我想这个非遗项目不仅是自己家族的传承,也是对社会的责任,我有义务把它传承发展下去。所以我就在 2012 年辞掉了原来的工作,返乡创业,成立了一个竹编工作室。

现在工作中有解决不了的问题吗?

现在很多非遗技艺离日常生活比较远,比如我们竹艺做成的凉席、扁担、篮子等,随着工业产品的出现,逐渐被替代了。在 2017 年,"BMW 中国文化之旅"跟我们联系,让我们有了去清华美院学习的机会。这个项目在非遗的传承上,带给了我很多理念上的突破。通过参加项目,我们意识到竹编生态环保的优势,希望能通过设计来满足当代的审美需求和对生活品质的需求,把竹编技艺融入生活。现在我们主要是以参加博览会和展销会为主,让公众去了解我们。

这门手艺的传承模式是什么?

以前是父子言传身教,代代相传,到我祖父这一代才开始收异姓学徒,现在到我们这代基本是广收学徒。我经常通过公益性的活动,让中小学生来参观体验,也招收暑期学员,让非遗传承的受众更加广泛。

您有没有想过在传统的基础上做些改变?

首先我们要将技艺完整保留下来,在此基础上有所创新,走进市场、走进生活。有一个想法是利用竹子资源,结合我们近几年创作的产品,打造一个当地的旅游生态。还可以让竹艺穿插在人的成长阶段中,例如在幼年阶段用竹制玩具,青年阶段自己刻字编制,成年阶段使用台灯、花篮等竹制品,老年阶段使用竹制拐杖等生活用品,临终阶段刻画编制记忆等。这些想法都在慢慢探索实施,希望能在肖氏竹艺的发展上有一些创新。

肖正清 × 湖南会同竹艺

采访实录

您有什么创新的案例可以分享吗?

2019年,我参加湖南省少数民族传统手工艺品展演展示活动评比,作品《中国梦》荣获一等奖。这个作品是以农耕文化的二十四节气为主题,用古铜钱为底,在里面用竹篾编了福字。2021年,我们的作品《竹梦中国》荣获湖南工艺美术"红枫奖"、建党一百周年主题作品大赛银奖,体现了五十六个民族团结互助的主题。

国家政策对非遗文化传承有什么支持吗?

国家政策的引导支持对非遗保护传承起到了很大的帮助作用,各类短视频平台也对非遗技艺的展示起到了促进作用。在产品方面,现在文旅融合是一个大趋势,非遗也可以和当地旅游业相结合。最重要的是打开思维,创新发展非遗。

对于未来的发展您有什么想法?

目前我们已经打破了代代相传的模式,会把这项技艺用数字化的形式记录保存下来,想学习技艺的人可以通过录像学习,也可以到现场来学,全部是免费的。希望能有更多人了解这项技艺,喜欢肖氏竹艺。

项目心得

肖正清 × 湖南会同竹艺

通过参与"清华美院—BMW非遗保护创新基地"项目的学习,肖氏竹艺力求长远发展,于2020年1月成立会同县肖氏竹艺有限公司,在会同县城中心区域新建一个占地面积110平方米,建筑面积600平方米,集含展厅、游客服务中心、销售厅、培训中心及生产制作中心等于一体的肖氏竹艺传习所。为会同民间手工肖氏竹编技艺的传承提供一个更为集中的场地,每年将培训三十人次的竹编技术人员,形成一个"产、学、研"的传承氛围,开展学术交流,扩大竹编在全省、全国的影响。以传习所为中心,吸纳更多人参与竹编生产,扩大生产规模,形成竹编产业,带动相关产业发展,同时也是展示会同文化的一个窗口,提供游客参观和现场体验的场所,为会同文化、旅游的繁荣提供了重要的平台,促进当地文化产业和旅游的发展。

会同竹编制作

张 ZHANG
斌 BIN

× 色釉瓷

颜色釉瓷是中国景德镇四大传统名瓷之一，色釉瓷釉面晶莹，绚丽多彩，色泽经久不变。

张 斌 ╳ 色釉瓷

张斌 × 色釉瓷

工艺介绍

颜色釉瓷是中国景德镇四大传统名瓷之一。色釉瓷釉面晶莹，绚丽多彩，色泽经久不变。

颜色釉瓷源于中国商代的青黄釉彩瓷。汉末至晋初，发展出使用青色釉装饰的瓷器。唐代创造了以黄、绿、紫装饰的三彩陶。宋代景德镇集钧、汝、官、哥、定等名窑技艺之大成，创造似白而青，可映现刻纹的影青釉瓷器。元代烧制成功以钴土矿配制的蓝釉和以铜为着色原料的"元钧""元紫"诸色。明代在总结前期烧制铜红釉经验的基础上，又创造出红沉鲜润的祭红釉。清代除创制了鲜如牛血的高温"郎窑红"、色彩奇丽的"桃花片"外，还有"矾红""茄皮紫""炉钧花釉"等低温烧成的名贵品种。

颜色釉瓷是将着色颜料与同它相适应的基础釉料按适当的比例混合，经过球磨、过筛制成颜色釉浆，施在未经灼烧的坯体或烧成的瓷胎上，在适当的温度和气氛下，颜色釉产生一系列物理化学变化，形成装饰色彩。为使呈色稳定，通常先将着色颜料与辅助原料混合，烧制成色剂，加到基础釉料中混磨制釉。

景德镇烧造的颜色釉瓷，釉色可谓五彩缤纷，晶莹夺目，被誉为"人造宝石"。

张 斌 × 色釉瓷

张斌作品

传承人简介

张斌

- 中国国家民族画院聘任画家
- 文化部艺术发展中心中国书画院院聘画家
- 中巴国际艺术友好使者
- 北京"文质轩"陶瓷品牌创始人

2010 年毕业于中央美术学院中国画造型艺术专业，主攻写意花鸟山水方向。先后在 2012 年教育部首届张立辰中国画大写意班、2014 年中国人民大学岳黔山写意山水班、杭州西泠印社、2016 景德镇陶瓷大学实训与鉴赏班学习，2019 年就读于"振兴中国传统工艺清华大学创新工作坊"。

张斌作品《十犬十美图》

采访实录

张 斌 × 色釉瓷

您是怎么接触到这项技艺的?

我的专业是陶瓷绘画,在过程中会接触到多种釉彩、钴彩、斗彩、粉彩、珐琅彩、新彩及各种单色釉等。比如,我在"华彩辉耀典藏版"7系项目里承担了将天蓝色的霁蓝釉制成车标的制作任务。

可以介绍一下您在"华彩辉耀典藏版"7系车标设计中使用的霁蓝釉吗?

霁蓝釉是一种华美的单色釉,在1280摄氏度高温下烧制而成。最初这个工艺是给宫廷和帝王祭天之用,烧制难度非常大,釉色流动性强。出土的文物"元霁蓝釉白龙纹梅瓶"代表了元代瓷器烧制的最高水平,现为扬州博物馆"镇馆之宝"。

这项技艺的传承模式是什么?

我们有自己的工作室,师徒一起学习然后共同创作艺术作品,更多的是合作性质和师徒传承。

「要把手艺利用起来,在思想上有突破,创新发展非遗,把中国的非遗推向世界舞台。」

张斌 × 色釉瓷

采访实录

您参加"清华美院-BMW非遗保护创新基地"最大的收获是什么?

我觉得有两个很大的收获。第一个就是我接触到来自全国的非遗学员和专家,对开阔思路有很大的帮助。第二个就是我发现可以做一些跨界的合作,给了我很多的想法和灵感。

您对非遗走入现代生活有什么想法?

之前更多的是同行之间技术上的交流,通过这次去清华美院学习,我觉得可以跨界去创作,把这项技艺应用到现代生活的场景中。最近我做了一些用瓷版画镶嵌的家具,在画面内容的选择上与传统不同,更贴近当代的审美,但目前还没有大规模的生产,只是我的一个尝试。另外,我曾在中央美院学习中国画,有一个想法是让陶瓷进入到画面里,可能会用综合材料镶嵌的形式来实现这个艺术实验,希望带给人一种多元的视觉感受。还有一个想法是让陶瓷进入服饰领域,把陶瓷提取成一个国际化元素符号,形成一个品牌。

您认为实现这些想法有什么难点?

首先是陶瓷本身的特性,烧制出来会有14%左右的收缩比;其次是设计,这也是这些想法能够实现的核心,该怎么去提取陶瓷符号,以什么样的方式跨界合作,这是很重要的。之前我想做一个陶瓷镶嵌的茶几,跟生产厂商沟通了很久,厂商担心茶几在镶嵌过程中有裂开的风险,就直接把商品邮寄给我,但是我并没有镶嵌的技术,不知道如何才能实现,所以与跨界方共同深入研究与交流,才是唯一可实现结果的方式。

对于未来非遗的发展您有什么想法?

要把手艺利用起来,在思想上有突破,创新发展非遗,把中国的非遗推向世界舞台。我准备开一间店,希望能把中国画的元素放到陶瓷里,而不是单纯地填描。我也组织了几场传统文化活动,通过雅集的形式推广普及中国美学。

项目心得

张斌 × 色釉瓷

本人很荣幸参与"清华美院—BMW非遗保护创新基地"项目，陶瓷技艺不仅是中国人类文化历史的瑰宝，更是民族精神文化的传承，作为非遗技艺的延续，我一直在探索和思考如何在当代时代文化背景下与国际奢侈品牌联手，它不单单是一种技艺，更是一种民族精神的保护和弘扬。

在此项目中，我与不同技艺老师展开合作，从传统文化中汲取灵感，与现代科技生活融合，更让艺术性与实用性相结合，展开了对更宽广维度世界的思考。在不同领域不同材质中跨界合作，是我很乐于去做的尝试。我希望在艺术与非遗领域多与国际品牌联手，传承并创新，突破目前非遗作品市场的保守面貌，带来新的应用与活力，更好地服务当代语境下的社会生活所需，把中国的民族手艺展示在国际舞台，讲中国的品牌故事，让世界了解并读懂中华民族文化，为传播东方美学尽自己毕生之力。

最后感谢BMW非遗项目的所有老师和工作人员，是你们让我看到了拯救中国非遗文化的决心，每一个前行的脚步都令人感动！不忘初心，让我们一起努力让全世界看到大国工匠精神，展示中国东方美学瑰宝，让世界重新认识中国。

张斌作品

非遗品牌叙事

非物质文化遗产的市场性转化案例

刘钟萍 × 佛山木版年画

刘钟萍
LIU ZHONG PING

× 佛山木版年画

佛山木版年画精细显其工笔、饱满寓其祥瑞、粗犷示其力量、刚劲露其个性，极具浓郁的地方色彩。

刘钟萍 ╳ 佛山木版年画

工艺介绍

"佛山门神行",其产品种类大致分为"门神画""神像画""岁时风俗画"三大类,附加生活装饰用品画和民间祭祀、宗教信仰用品画,统称为"佛山木版年画",这也是佛山木版年画在品类上的一大特点。就艺术风格而言,以红丹为底色的门画是佛山木版年画的特色,红丹鲜艳而又不易褪色,热烈艳丽、寓意吉祥,有"万年红"的美誉。配以橘红、黄绿等色,再加上简练遒劲的线条,形成了佛山年画造型有力、颜色饱满、艳丽明快的艺术风格。佛山木版年画吸收了佛山剪纸、铜凿金花、金漆木雕等传统工艺的精髓,以红、绿、黄、黑四色木板套印。辅以笔绘彩、勾金粉等技法,画面更显富丽堂皇、熠熠生辉,其形象精细、饱满、线条粗犷、刚劲有力,是与其他各地年画的区别,精细显其工笔、饱满寓其祥瑞、粗犷示其力量、刚劲露其个性,极具浓郁的地方色彩。

绘稿

雕版

传承人简介

刘钟萍

- 非物质文化遗产项目"佛山木版年画"代表性传承人
- 佛山市工艺美术大师
- 入选"2018年中国非遗年度人物一百人"
- 佛山木版年画品牌"解忧年画铺"创始人

师从国家级传承人冯炳棠大师,人称"年画女侠"。除了学习传统的技艺之外,在传承年画的过程中,秉承着"让年画有温度地传承"的理念,七年来开展许多年画主题活动,例如"佛山木版年画公众开放日主题活动""佛山木版年画解忧杂货店主题活动""佛山木版年画版秘密花园主题活动""佛山木版年画诸神复活主题活动""年画女侠行走江湖系列活动"等,受到广大年轻人的热烈追捧,也受到了各大媒体的广泛关注。

刘钟萍 × 佛山木版年画

刘钟萍 × 佛山木版年画

采访实录

「我认为年画背后的故事要有好的作品做依托，衍生品也不能没有灵魂。」

您是怎么接触到佛山木版年画的？

我们这里有广东省内唯一一家百年年画老铺，世界各地想要了解佛山木版年画的人都要到这铺子来。而我接触年画的契机是我从上一份工作离职时，恰好听朋友说这家年画铺子在招讲解员，我本科学的是旅游专业，喜欢记录和表达，做讲解工作也算是专业对口，再加上我从小就对传统文化感兴趣，就去应聘了。在年画铺子里除了做讲解，也要带游客体验印年画，我就学习了一些年画的基础工艺。但毕竟手工艺是一个很难赚钱的行当，很多师父带的徒弟因为个人原因、经济原因没能坚持下来就相继离开了，所以师父就开始教我、带我一起做作品，这也让我有机会在 2017 年评上了市级非遗项目代表性传承人。

四色套印

刘钟萍 ✕ 佛山木版年画

您可以介绍一下佛山木版年画的特点吗?

中国木版年画有很多产地,不同产地的年画背后对应了不同的地域文化,我们佛山木版年画就呈现着岭南文化特点。首先,岭南人讲究口彩,就连摔碎一个杯子都得说成"碎碎(岁岁)平安",这一点在年画上更是格外重视,过节时候贴的门神一定要用红彤彤的底色,而且是没经过任何勾兑的、强烈的、鲜明的红色。苏州桃花坞会用白底门神,这个做法带到岭南地区就不适用了。我们的年画就有一道非常有特点的工艺步骤叫作"填丹",即给白底的纸张涂成红色,来呈现喜气洋洋的画面。其次是佛山木版年画的描金工艺,如果把中国各地的木版年画放在一起,如何第一眼就认出哪幅是佛山版画呢?除了刚才提到的红彤彤的底色,第二个就是看画面上是否有大规模的描金。描金工艺就是用金粉、金箔勾兑出金色液体,用手绘方式在人物衣纹上做装饰。如果你看到过佛山女孩子出嫁,你会发现她身上挂满了金镯子,这跟描金工艺是很相似的,生活在这个地区的人们,平时都很低调,但为了表达喜庆,该有的东西还是得有,佛山年画的描金工艺就淋漓尽致地表达了人们对美好生活的向往。还有一个特点就是,佛山木版年画对于神、佛的造型表现非常丰富,因为佛山这边做生意的人很多,他们除了拼搏奋斗,也会去相信一些玄学,借助神、佛的力量让他们平稳度过伏跌宕的日子,所以年画就用刻、印的方式去满足当地人的心理需求,这跟中国绝大多数年画的题材是不一样的。

您在参与"清华美院-BMW 非遗保护创新基地"项目后有什么收获吗?

在参加这个项目之前,我的大部分时间是在手工作坊里度过的,师父教我们做什么我们就做什么,客户让我们做什么我们就做什么,属于比较被动的模式。后来去了清华美院,那里的老师要求我要积极主动地向外界探索,可以跟学校里的老师、同学合作做作品,也可以跟外面的企业品牌做跨界合作。我就感觉到,我的思想在一定程度上得到了解放,当我深陷一门工艺本身的时候,未必能窥见全貌,当我跳脱出来,从另一个视角去看自己这门手艺时,反而体会更加深刻、更容易看清技艺的特点。

在清华美院做作品是一个很难得的机会,但同样也给了我平日里没有体会过的挑战和压力。比方说我需要更加主动地去做一些实验性质的作品,跟平日里完成订单是完全不同的,但这也能推动我去做一些改变,对我来说还是很有意义的。

佛山木版年画经典作品
《填丹门神》

刘钟萍 × 佛山木版年画

采访实录

刘钟萍在学校上年画课

您前面提到跟师父学习年画技艺，那您现在有带徒弟吗？

其实我们现在一直在做"非遗进校园"活动，从小学到大学，我每个星期都去上几堂课，线上线下都会有。但要说到师父带徒弟那种传承形式，我还太年轻了，没有带过徒弟。虽说我学这门技艺有七年了，在两三年就换一份工作的现代人眼里可能已经很久了，但七年对学习非遗技艺来说仍然是很短的。所以我目前对自己的定位还是处于一个不断去学习的阶段，我还没有自信去带徒弟，因为带徒弟是一件严肃的事情，他要跟你学习用这门技艺谋生，你要对他负责，所以我目前还是要不断提升自己。但我带过的学生就很多了，学生跟徒弟不一样，他们仍有自己的人生轨迹，如果对这些技艺感兴趣，可以在完成学业或其他自己该做的事情之余，再过来学习。我现在带学生，也是在为自己以后能够收徒做准备，这是我不同阶段要做的不同事情。

四色套印

刘钟萍 × 佛山木版年画

您可以介绍一下佛山木版年画的盈利方式吗?

我们这里基本是两种方式,一是商品,二是服务。商品就是年画作品本身,服务就是我们的年画体验课程。年画销售是分季节性的,每年过年的前后三个月是年画销售的高峰时间段,我们会同时开通线上线下渠道进行销售。通过销售数据来看,线上渠道比较适合售卖价格便宜的,几十元钱左右的产品;而能来线下找到我们购买上千元钱作品的,大多是一些真正喜欢年画、了解年画历史、相信我们年画铺子口碑的人。这几年我们会多跟其他品牌合作,定制一些伴手礼。

您刚才提到的品牌合作,可以详细讲讲吗?

比如我们跟 BMW 有过合作,当时是参加 BMW 的客户答谢活动,被邀请参加 BMW 在北京举办的工作坊,给大家讲述年画的故事。此外还有一些奢侈品品牌,我们都会有订单合作。他们除了喜欢年画作品本身,也非常欣赏年轻人能够几年如一日地坚持一门手艺的精神,他们喜欢这样带有故事性、文化性的作品与产品。

刘钟萍 ✕ 佛山木版年画

年画《诸神复活之脱单神器喜神和合二仙》

采访实录

对于非遗活化、非遗进入现代生活的理念,您有什么心得可以分享吗?

近几年我开始受到关注是因为我做的一个小项目,叫作"年画里的诸神复活"。但在最开始我也不知道怎么做,状况很惨淡,辛辛苦苦做出的作品没有人买单,人家不知道画上是什么,更别提掏钱了。还有就是我们铺子已经有二百多年历史了,会有人来参观,但都是学校、单位组织,或者跟着旅行团、领导过来看一眼,很多人说一句"要努力做好传承"后就走了,大部分人都不是出于自己本人意愿,或者抱着真心想了解年画的心情而来的,而我作为讲解员,也是被动地接待这些来访活动。

幸运的是 2016 年,我有机会进入清华美院学习,在那里我明白了我要让非遗"用"起来,而不是让作品摆在博物馆里给人看。从美院学习回来后,我就决定要主动去做一些事情,毕竟到了最高学府去学习过,接受了最前沿的思想指导,必须学以致用,不管用得怎么样,起码我要先去做。那时我考虑到,非遗应当围绕着人,当你不知道别人会不会喜欢你的作品时,你坐在那里想是想不出来的,你要请人过来,去了解人们会不会喜欢?为什么喜欢?为什么不喜欢?于是我就发微博、微信公众号,招募大家来我们铺子的公众开放日参观。虽然不知道大家是否会喜欢我们的年画,但要先迈出这一步。我那时年纪差不多二十五六岁,就跟来到现场的人讲一讲年画的特点、工艺。其实当时来的大部分人都是朋友,他们都很年轻,喜欢开玩笑,有个人就问道:"你们年画里这么多大神,我想找个男朋友,有没有神仙能助我一臂之力?"我们的年画里确实有掌管姻缘的喜神,我就给她讲了很久,我们这边不叫买年画,而叫请年画,因为画上都是神,也是请神,是很有仪式感的一件事情。别人买画可能仅仅因为它好看,

年画《诸神复活系列一个亿的财神》

但年画上都是神,你得想好为什么要请神,目标是很明确的,而且贴年画的位置也很讲究。她听完后觉得这是一件蛮神圣的事情,就请了一张年画回去。那时我们也会把价格降低一些,几十元钱一张,要想让年画被人们用起来,价格就要让人易于接受。然后我告诉她什么时候贴在哪里,结果也真的显灵了,一个星期之后她"脱单"了,这里面也有巧合和概率问题。紧接着这件事情就在我们朋友身边传开了,第二次公众开放日,他们组团来了,而且目标特别明确,不听你讲太多,就要请"脱单神器",而且他们不是买回去就放着了,他们真的会用起来,是把自己的故事、愿望寄托到年画上,再贴起来。于是接下来几期公众开放日,受大势所趋都搞成了"脱单专场",直接将我们以前囤积了很久的年画都销售出去了。2017年的时候,央视来到我们铺子拍摄了"脱单专场"纪录片,我们的口碑就逐渐建立起来了,开始有一些我不认识的人来添加我的微信要请神。后来有一些外省的朋友联系到我,我说你们本省也有年画,也有喜神,去你们那边请就好了呀。结果他们说,还是觉得我们这边的比较有用。就这样,喜神成了我们这边最先火起来的,我们就按这种思路推出了第二款状元及第年画,是面向高考、公务员考试,有时考生心里惴惴不安,就会过来请一张年画。其实这两种年画都是寄托了人们心中迫切的愿望,用的人多了总有会实现的,实现了就回来还愿,然后又想许下一个愿望,这是一个循环。后来是国家开放了二胎,就有人来我们这里送子娘娘的画,开放三胎时来请的人就更多了。另外还有财神,我们给它一个标语叫作"一个亿"。当年流行语"定个小目标,先赚一个亿"走红网络,其实"一个亿"跟财神爷的含义是一样的,我们就想把这种年轻人中流行的新潮语言通过年画重新表达。我们经常受

采访实录

邀去楼盘、卖车的地方搞活动,那些销售都想要开单,最受欢迎的就是财神,因此财神年画就成了"开单神器",贴满了财务部和销售部的办公室。这些大神年画就构成了我开始提到的"诸神复活"。但我不会把这些年画改得乱七八糟、过于新潮,它们要保留本身的含义与传统,因为人们还是觉得这些古老的请神、还愿方式更加灵验。我的这种做法也得到了当地政府、专家和老百姓的认可。清华美院的陈岸瑛老师通过朋友圈看到后也觉得很不错,在 2017 年邀请我去清华美院做分享。"诸神复活"也成了陈岸瑛老师的课堂教学案例,这在很大程度上帮我做了非常厉害的宣传。

在 2017 年,《解忧杂货店》被拍成了电影,一些请过我们年画的朋友和顾客给我留言,觉得我们年画店跟解忧杂货店非常像。因为《解忧杂货店》里就是有一位老爷爷,大家会把自己的疑惑写信给他,并且会收到回复。我们的年画铺是通过请年画的方式回应人们的愿望或者忧愁,而且我师父还在世的时候,也是一位老爷爷坐在铺子里,就像电影里那样。所以我就创立了品牌"解忧年画铺",跟年轻人非常有共鸣,特别是看过《解忧杂货店》的那些年轻人。后来我们被《天天向上》节目组邀请去录制,我问为什么会选我们,节目组说他们是被"解忧年画铺"和"诸神复活"吸引了,我觉得这说出了很多人的心声。清华美院的版画系老师也请我去为学生们上课,我说我这么年轻可能讲不来,老师就说,他很看重我的"解忧年画铺"和"诸神复活",觉得创新点是非常好的。现在,"解忧年画铺"品牌很受人们欢迎,我也凭借着铺子和"诸神复活"经常被邀请去各大学讲课。

解忧年画铺品牌 LOGO

年画《诸神复活系列逢考必过考神状元及第》 　　年画《诸神复活系列二胎神器送子娘娘》

刘钟萍 ╳ 佛山木版年画

未来三至五年您有什么规划吗?

其实一直以来我都想在作品上做一些努力,因为我觉得年画之所以没能跟上时代,是因为作品还不够优秀。未来三至五年我会将大部分时间用在创作作品上,不仅会跟一些优秀的绘画师合作,跟清华美院的教授也在每年不断地合作出作品,毕竟我给自己的定位还是一名传承人,除了要把"诸神复活""解忧年画铺"品牌巩固好,我也想为年画留下来更多更好的作品,而且是贴近现代人生活的作品。所以我从今年十月就在创作"诸神复活"的新系列"防秃头"神仙,这是年轻人在网络上经常提到的话题。我认为年画背后的故事要有好的作品做依托,衍生品也不能没有灵魂。至于如何推广,我会跟专业人士合作,比如跟清华美院的团队一起,我们负责把内容做好,运营推广方面大家一起努力。

第二件事情,我现在正努力出教材,因为"非遗进校园"是大势所趋,我觉得除了让年画进入校园,也要让大家从小就能接触得到年画,让大家的记忆里都有年画这东西。

第三件事情,我现在想把自己的经历编写成书,如果有编剧看了我写的东西,对我的故事感兴趣,可以拍成电影,所以我就想着先把基础的素材、故事梳理好,方便大家来取材。因为只有通过现代的技术手段和呈现方式,才能让传统的文化在现代的大银幕上被大家认识。基本上就是这三个方向。

刘钟萍 × 佛山木版年画

项目心得

在时间的维度上，佛山木版年画有着长达七百年的历史，在空间的维度中，影响力也远达海外，更曾在鼎盛时期有着精彩纷呈、极具地域特色的作品，在民俗活动中显现着蓬勃的生命力。可对于年轻一辈传承人而言，学艺传承需要很漫长的时间，且收入微薄，经济压力很大。除了要扛得住学艺漫长的寂寞，更要抗得起生活中的经济压力，致使很多学徒学习一两年纷纷改行。除家族传承，目前年轻一辈里全职学习制作佛山木版年画的传承人就屈指可数了。曾经辉煌灿烂的佛山木版年画产地，目前也就仅剩冯氏一家几个人，守着一间有着两百多年历史、不足四十平方米的老铺子。曾经被岭南人们用于年节张贴祈福和装饰家居的各式年画，仿佛已经在岁月更迭中被掩埋。

在 2014 年，刘钟萍面对的就是这样一个历史很辉煌、现状日渐惨淡的局面。但年轻人总有想为这门手艺干点什么的气性在，当然也是感念于前辈及师父对佛山木版年画的坚守，她想要通过不断的努力，尝试走出一条振兴佛山木版年画的新路子。2016 年，刘钟萍有幸入选"非遗进清华——中国非物质文化遗产传承人群研修研习计划"，学习到了传承和创新非遗的一个重要理念：见人见物见生活。于是，刘钟萍开始在年画百年老铺举办"年画公众开放日"，面向所有对年画感兴趣的市民朋友们开放。到现在，年画公众开放日已经举办上百期。在上百期的年画公众开放日中，她逐渐探索出一条佛山木版年画里的"见人见物见生活"新路子——佛山木版年画里的"诸神复活"。

因为年画公众开放日的招募中采取了新媒体形式，所以来参加开放日的几乎都是年轻人，他们不约而同地问刘钟萍："这年画里的满天神佛，跟我们现实生活有什么关系吗？对我们有什么用？"这个问题的答案其实就对应着年画的功能性。从古至今岭南地区仍保留着向各类神明祈福的信俗，而年画就是这个祈福信俗最有效的载体之一。大家前来购买年画，在语言表达上通常用"请年画"来代替"买年画"，佛山木版年画里几乎就是满天神佛，"请年画"即等同于"请神"。于是，21 世纪里的年画故事就在一场场的公众开放日里，依托着岭南祈福信俗里的仪式感，重新焕发新的神采。

在年画"诸神复活"的故事里，许多适婚阶段的年轻朋友的愿望是脱单，而佛山木版年画里就有对应护佑姻缘圆满的喜神"和合二仙"，很多朋友冲着这个好意头、好口彩都会请一幅回去张贴。在请年画时，刘钟萍会把张贴的规矩和仪式也一并传达给亲朋好友。大家来还愿的时候都会兴高采烈地说：喜神"和合二仙"真的是"脱单神器"！第二款受到大家喜爱的是逢考必过的考神"状元及第"年画，这其实是回应了这个时期几乎每个家庭都对儿女们有着学业有成的强烈愿望。接着国家开放二胎，有着送子、儿女双全寓意的"送子娘娘"年画也开始受到大家的欢迎。此外，求财运、求健康平安的年画也在大家许愿还愿的仪式感中更加受欢迎了。

其实，佛山木版年画里的诸神复活承载着的正是人们对美好生活的向往。纵观年画发展的历史，从古至今都一脉相承，甚至于历久弥新，这也是年画蓬勃生命力的根源。

易
YI

华
HUA

✕

湘西苗绣

湘西苗绣有自己鲜明的民族特色,表现出一种热烈奔放的浪漫风格。

易 华 × 湘西苗绣

工艺介绍

湘西苗绣有自己鲜明的民族特色,表现出一种热烈奔放的浪漫风格。苗绣艺术纹样组合复杂、饱满,手法细腻,线条优美,有怪异之形而无狰狞之态,使人感到亲切、纯真、朴实。

湘西苗绣色彩配置主要以红黑对比为基调,在此基础上敷陈五色,用色浓重奔放,在大面积主色调中,镶嵌小面积的对比色,既保持画面的基调统一,又产生了绚丽斑斓的艺术效果。湘西苗绣在表现手法上,最突出的特点为幻想与真实交织,抽象与具象并用,从而创造出丰富多彩的构图效果和独特的审美空间,因而深受广大群众喜爱。由于历史的积淀和地域差别,苗绣纹样绣法及板块不同,可分为秀丽、细萃、粗犷、素雅四大类。

通常,一件完整苗绣需要经过图案构思、绘图、剪纸样(制作绣样)、绷布胚、粘贴绣样、刺绣、整烫等工艺环节。

首先,把要绣的图案轮廓描绘于白纸上,再将画好的图案沿着轮廓剪下,镂刻去掉不用刺绣的部分,保留轮廓线制成绣样。绣样制作完成后,把刺绣面料置于绣架之上绷紧、整平后,将剪好的绣样涂抹上胶水或糨糊,粘贴于绷好的布面上。待绣样风干与布面完全贴合时,便可以进行刺绣。苗绣传统刺绣技法约有二十多种,常用的有平绣、插针绣、锁绣、打籽绣、贴布绣等,根据刺绣图案不同的表现要求,选择变化针法。

其次,绣的时候绣线不能分叉,针脚要整齐,绣得紧密一些,不能露出底料。刺绣的时候采用单股线刺绣,松紧要合适,不能太松也不能过紧,以确保绣面的平整和光泽度,从而达到最佳效果。

图案绣制完成后,将绣花从绷架上取下来,进行熨烫整理后,便可用于服饰、包、帽、家饰等物品。

传承人简介

易 华

- 非物质文化遗产项目"湘西苗绣"代表性传承人
- 民族文化创意品牌"山谷居民"创始人

她从小热爱湘西传统民族文化,特别是苗绣。虽然在学校学的是通信专业,毕业后在电信企业工作了11年,但她对苗绣的热爱从未淡去。2009年,30岁的易华毅然辞职前往上海、广州等地学习服装设计。2011年,她回到家乡湘西,在吉首租下一间十多平方米的仓库,成立了苗绣工作室,从设计、制作加工,到跑市场销售,每一步都亲力亲为。2011年到2016年,易华的工作室共搬了五次,每一次都代表着易华的苗绣事业上升了一个台阶。

采访实录

> 「我始终觉得我们是大山深处孕育出来的一群孩子,我们希望用自己的双手和智慧去守护我们的传统文化,然后带领我们的传统文化走向世界。」

山谷居民苗绣茶具《青友小筑》

您是从什么时候开始接触苗绣的?

我从 2009 年开始从事湘西苗绣非遗的传承和创新发展工作,到现在已经十多年了。最开始做的时候是一个很小的工作室。2012 年,我成立了公司,创立了湘西苗族特色的民族品牌"山谷居民"。我希望和我的团队用现代的审美和设计,把湘西的传统苗绣元素与现代工艺相融合,去形成受到现代消费者喜爱的产品,让湘西的苗绣走出深山,走向更广阔的世界。这十多年来,我们一直扎根做湘西的苗绣,在全国也获了很多奖项。截至目前,我们已拥有一百多项外观专利设计,同时也参与制定了湖南省的土家族和苗族服饰的行业标准。苗绣这项非遗给了我们很多的灵感,也给我们带来了一些机会和荣誉,使我们能够在苗绣的基础上进行创新和设计。

为什么叫"山谷居民"?

很多人都问过我为什么要把这个苗绣的品牌起名叫"山谷居民"。我始终觉得我们是大山深处孕育出来的一群孩子,我们希望用自己的双手和智慧去守护我们的传统文化,然后带领我们的传统文化走向世界,这就是这个名字的由来。

易 华 ✕ 湘西苗绣

山谷居民苗绣茶具《青友小筑》

山谷居民苗绣壁画《丹翔》

易 华 × 湘西苗绣

公司的经营模式是怎样的?

我们在湘西一共有包括精准扶贫首倡地十八洞在内的共计十三个手绣基地和扶贫工坊,累计培训绣娘两万人次,带动两千多名绣娘。我们的一些产品是和绣娘合作完成的,主要是根据市场的需要设计开发产品,员工经过培训之后,下发订单给绣娘。绣娘绣好之后,我们将绣品收回来,再把它做成产品,放到市场上进行销售。我们也有自己的设计团队、工厂和运营团队。

苗绣技艺有什么特点?

2011年我在凤凰山江拜了两个师父,开始学习苗绣和苗族服饰的技艺。我当时拜的师父是湖南省级苗绣传承人吴秀英和湖南省级苗族服饰传承人龙红香,他们二人是我的启蒙老师。苗绣有着非常鲜明的民族特色,整体表现出来的是热烈、奔放、浪漫的风格。苗绣的用色很浓烈,往往是在大面积主色中,加入小面积的对比色,同时保持画面的基本统一,形成一种斑斓绚丽的艺术效果。苗绣的表现手法比较传统,大部分是苗绣妇女把日常见到的花鸟鱼虫经过自己的想象构图、配色,绣在自己的裤脚或者袖口。苗绣的创作是抽象手法与具象手法相结合的,通过绣娘大胆的想象和创造,产生了丰富多彩的构图和独特的审美。苗绣的针法也非常丰富,有着独特的体系。刺绣针脚大体分为绣、插、捆、洒、点、挑、串等二十多种针法。

山谷居民苗绣家居《龙凤呈祥》

您参加"清华美院－BMW 非遗保护创新基地"项目最大的收获是什么?

通过这一次培训,我看到未来非遗文化有很多创新发展的方向,更加坚定了我和我的团队要为湘西苗绣的传承发展、向下一代青少年普及技艺、为非遗与当地旅游结合作出贡献的决心。

这门手艺的传承模式是什么?

目前湘西苗绣的传承和很多其他非遗是一样的,年轻人不太爱学,基本上是后继无人的状态。我们这边本身是一个公司,自己生产、设计。我们的传承分为几个方面:一是我们公司内部的设计板块,引入有潜力的员工,在工作中实现传承;二是通过走进校园,通过去苗寨对绣娘进行培训来传承苗绣;三是依托于整个大湘西的旅游景区,我们自己的门店每年会接待很多游客,让感兴趣的游客进行苗绣免费体验,以此宣传苗绣。

采访实录

您有什么非遗传承创新的案例可以分享呢?

"山谷居民"从2009年到现在已经有十四年了,十四年前是一间十平方不到的小房间。当时我和我的伙伴自己设计、采购面料、找绣娘绣花、制作、跑市场,从很小的作坊做起。经过十四年的发展,现在初步成长为一家集生产、设计、销售于一体的综合性非遗文创类企业。我们最开始的产品就是基于传统苗绣元素的创新,先运用到服装、包帽、家居布艺,后续又延伸到文创类的产品,以及当代艺术装饰等。2017年在清华美院学习的收获也在我们公司内部团队中进行了沟通和讨论。我们觉得非遗其实可以运用得更广,后期我们把苗绣应用到民宿的设计软装里,也将苗绣的元素运用在整个景区以及博物馆里。公司的业务模式逐步从单纯地生产产品,发展到对当地的民族文化进行挖掘梳理,根据客户的需求去应用。我们可以为有需要的客户打造苗绣的文化体验,也可以做苗绣的产品研发,更好地为当地的经济文化和旅游提供服务。在这三四年的探索过程中,合作者有我们之前的客户、学校、景区博物馆、政府,这又让我们意识到,传统苗绣技艺和现代的设计需求相融合会有无限的发展空间。我们整个团队其实是非常欣喜,觉得在非遗的保护传承道路上,似乎找到了一条可持续发展的新路径,我们也一直在这条路上不停地探索。

令您印象最深刻的案例是什么?

更多的是市场教会我们怎么去做,就像我们"山谷居民"从最初的小作坊,逐步地一点一点地升级。湖南或者说整个湘西,是旅游业非常繁荣的地区,到这里旅游的人越来越多,游客对旅游的需求也逐步升级。在这样的需求背景下,民宿请我们设计有湘西民族文化元素的装饰。找到我们的客户最开始是看到我们自己店铺的设计以及店铺的产品,才相信我们有这个能力,让我们整个团队尝试性地改造和设计民族文化主题民宿。再到后来我们在苗绣的运用上有一定的心得,很多文化场馆,比如湘西世界地质公园博物馆、广东的南越王博物馆、杭州的博物馆等,也找到我们来开发绣类文创产品。

在2019年底,吉首市的矮寨大桥景区要升级成为5A景区,整个景区的风景很美,但是缺乏民族文化特色的提点。我们受到当地政府的邀请,到那里给他们设计了一个集文化体验、文化展示、文创产品售卖于一体的空间。在展现当地民族特色的同时,还可以创造营收。整个展馆差不多五六百平方米,我们从2019年底开始设计,在2020年5月投入运营。我们挖掘了大桥所在的镇和苗寨的苗族元素,运用在整个空间里。基本上每一个到大桥的游客都会经过我们这个展馆,然后走进去,感受当地的文化特色。游客在里面能够直观地看到苗绣的制作流程,以及产品和一些创新的应用。整个空间的文化体验受到了游客的认同,也成为整个景区文化传承的亮点,当地政府给予了很高的评价。

湘西有很多中国传统的古村落,我们受到当地政府的邀请,又去给两个传统苗寨挖掘特色的苗族元素,对它进行适度的保护和开发。这是今年我们在做的一个事情,这其中会运用到这十多年来对非遗文化挖掘、梳理和运用的经验。

易华 × 湘西苗绣

采访实录

您觉得非遗传承最大的挑战是什么？

我在2009年做苗绣之前，在电信公司工作了十年。我当时出来做这个事情，我所有的同事都觉得不可思议。他们感觉我是从一个现代的行业跳转到在他们眼里很落后、很传统、没有发展前景的行业当中。我讲实话，前五年我都不知道自己是怎么熬过来的，完全是凭着对苗绣的热爱。如果没有对苗绣的热爱，我估计很多人是无法做下来的。

苗绣的生存空间还是比较窄的，现在我讲起来感觉是有很多运用的领域和空间，那是因为我自己做了这么多年，再加上曾经从事的行业，让我有了一定的创新和思维能力，我才会不断地去主动摸索市场，不断地去研究开拓。其实在探索和开拓的过程当中，我们也经历了无数次的碰壁，这个成本是非常高的。这些成本对于大部分的企业或者个人来说需要自己承担，所以我们完全是凭着热爱坚持在这里。在这个阶段之后，慢慢有了一定的规模，才能达到平稳的状态。做苗绣的前五年，我基本就是在生存的边缘，不断摸爬滚打，尝试新的路径。

国家现在经常宣传非遗或者推动文化交流，但地市县级政府的政策支持力度相对来说会弱一点，每年给到传承人的传承经费只够养活他自己。在这样的情况下，要让非遗有很好地传承是比较难的。大部分非遗项目其实是和现代生活无关的，所以才能成为非遗。要改变这个情况，就要不断和市场接轨，在产品的模式上进行创新，让人们感受到产品背后的文化，去影响市场。 如果没有市场的土壤，非遗最终还是会消亡。我们现在是在和优衣库合作一个苗绣活动，有十万件绣品订量。

我的手绣基地是2013年开始建立的，基地里的绣娘岁数大的有70岁，年轻的绣娘非常少。这个是我们作为企业很难去改变的，只能说通过自己的力量，不断地去市场层面探寻，尽可能争取到订单。比较幸运的是，我所在的这个区域是一个旅游地区，非遗文化受到很多游客的喜爱和欢迎。那些不适合做旅游的地区，那里的非遗要怎么发展，我真的觉得很难。湘西的非遗是湖南省非遗数量最多的一个地区，但是其他的非遗可能没有传承或者缺乏创新的团队，慢慢地就没落了。希望国家能继续加大政策扶持力度，让更多有设计创新能力的人进到这个领域，增加非遗传承的活力。

这几年我深刻感受到城市化的进程，传统苗寨的老房子在逐渐消失，传统风貌被破坏得很厉害，穿传统服饰的人越来越少了，只有少量的人在坚持传承非遗。很多非遗是家族传承，但是往往传到第二代，到我们这个岁数或者是比我们更年轻的人，完全就不学了。前一段时间我们走访另外一个县的巴代技艺传承人，他现在就是完全是靠自己做活动的经费来传承这个技艺。他收集很多资料，不断编著书籍，他说目前完全是靠个人的技艺来维持这个项目。巴代是苗族的一种祭祀活动，它和现代生活就更加脱节了，所以他的儿子就学不精，可能到孙子辈就完全不会了。我觉得这是很多非遗所面对的一个情况。

易华正在为绣娘做指导

对于未来的发展您有什么想法?

我觉得我们团队找到了一把"钥匙",但是我们不知道这把"钥匙"能开什么门,也不知道能让我们走多远。在民族旅游地区,非遗还是有很大空间的,互联网也给非遗一个很好的传播平台。而且,我们觉得现在的旅游和以前的旅游不一样,以前大家都是跟团走马观花,现在的游客除了看自然山水,更多的是希望感受一个地方的文化,去体验当地人的衣食住行,品味当地的文化风貌,我觉得这对非遗是一个很好的机会。

所以今年我们会尝试协助政府去做这边的传统村落保护和开发方案,把苗绣或者其他的非遗用在传统村落的修缮当中。让游客一进来,就看到很漂亮的苗寨,能感受到当地的文化,参与非遗技艺的体验,去自己制作非遗类的产品。现在很多景区同质化严重,这也给了具有特色文化底蕴的地区一个机会。对当地独特的文化进行挖掘和创新运用,会让旅游变得更加有体验感和沉浸感。

易 华 × 湘西苗绣

项目心得

2017年,易华作为湘西州唯一的非遗传承人,进入"清华美院—BMW非遗保护创新基地"进行学习。在这次学习中,基地专门组织相关院系的专家教授,秉持"以传统文化为本位,以传承人群为主体"的理念,对传承人进行指导培训。易华在清华美院浓郁的学习氛围中开拓了眼界、收获了新知识、打开了思维,更坚信了自己对非遗传承和创新发展的前行方向,希望能为振兴本土的传统工艺、非遗扶贫、文化旅游贡献自己的力量。

学成回来后,易华结合湘西非遗的现状,积极探索非遗民族文化元素在现代生活中的再运用,结合旅游市场积极面向更多人群开展关于非遗民族文化宣传体验活动,以市场带动非遗文化的传承与创新。通过"山谷居民",在湘西旅游地区景点的民族文化体验馆、门店接待近二百万人次的游客,免费开展民族文化体验活动,宣传推广湘西苗绣及相关民族文化。

绘制图案

作为一名民族文化的传承者和探索者，易华在对民族文化的研究传播上投入了极大的热忱，追根溯源、严谨传习，并在传统基础上锐意创新，取得丰硕成果。这些年，易华多次带领团队把苗绣带出国门走向世界，其中苗绣作品《绣连天》在2014年作为国礼馈赠世界银行行长金墉先生；2015年，代表中国民间艺术项目参加意大利米兰世博会；2016年，作为湖南地区文化的代表，前往法国进行文化交流；2019年，其被入选外交部日常外事礼品清单。在品牌发展方面，2017年，"山谷居民"被评为湖南省民族文创高新技术企业、民族传统工艺振兴示范企业；同年，作为践行"精准扶贫"的典范，还入选了中宣部举办的"砥砺奋进的五年"大型成就展；现在的"山谷居民"已被选定为湘西州特色民族产品、文化创意的龙头企业。

在发展企业的同时，如何更好地保护传承发展湘西非遗，一直是易华团队所关注的重心。为了更好地保护传承苗绣，同时帮扶苗寨里的留守妇女，团队先后在湘西的凤凰老家寨、盛花村，花垣县十八洞村、双龙镇，吉首坪朗村、矮寨镇、太平镇，古丈默戎镇、坪坝村成立苗绣合作社五家，苗绣基地九个，累计开展培训八十余次，累计培训绣娘两万余人次。通过下发苗绣订单的方式，直接带动一千余名农村留守妇女，提高收入改善生活，让这些苗族绣娘重拾对自己民族文化的信心。同时通过去学校开展面向学生的非遗知识及技艺的讲解传授，让非遗走进校园，让更多的青少年能够了解、学习湘西的非遗技艺。

回首来时路，经过十多年的发展，"山居居民"已经成长为一家集生产、设计、销售于一体的综合性非遗文创企业。产品涵盖也从开始时基于个人用户产品，应用苗绣元素创新设计的服装、包帽、家居布艺、饰品、衍生文创、当代艺术装饰等，发展为对当地的民族文化的挖掘、梳理，对有需求的政府、景区、企业型客户整体输出。基于打造体验与营运体系，让非遗文化为一个地方的经济、文化、旅游发挥更大的作用。

团队也一直在思考并同时实践着，如何通过社会各界的努力与参与，传承重建、创新市场、分享体验的良性循环，逐步构建湘西非遗文化良好的生态环境，为湘西非遗可持续发展提供实践基础。未来，团队希望将自己在非遗保护传承与创新发展上的经验和心得分享给更多的少数民族文化地区，让更多少数民族地区的非遗文化走得更长远。

钟星琳 × 湖南滩头木版年画

钟星琳

ZHONG XING LIN

× 滩头木版年画

滩头木版年画是湖南省唯一的手工木版水印年画，以浓郁的楚南地方特色自成一派。

钟星琳 × 湖南滩头木版年画

工艺介绍

滩头木版年画是湖南省唯一的手工木版水印年画，以浓郁的楚南地方特色自成一派。从明末清初到民国初年，滩头年画逐步形成了自己独特的美术风格：艳丽、润泽的色彩，古拙、夸张、饱满、个性化的造型方法，纯正的乡土材料和独到的工艺，使作品具有浮雕一般的艺术效果。从造纸原料的选择、纸张的制造、刷底，到刻版、七次印刷、七次手绘，一张滩头年画的生产需要经过二十多道工序。从手工造纸到年画成品都在一个地方生产，在全国年画制作中极为鲜见。

刻板工具

传承人简介

钟星琳

- 非物质文化遗产项目"滩头木版年画"第四代传承人

钟星琳 × 湖南滩头木版年画

1990年出生的她自小就零距离接触滩头木版年画，2013年开始系统学习年画制作工艺。2017年正式拜师成为国家级代表性传承人钟建桐的家传弟子，熟悉掌握年画制作的全过程，同年在长沙开办年画传习所，接待各年龄层爱好者体验年画制作，与各中小学合作年画研学，实现"非遗+教育"的跨界。首次推出滩头年画各种文创产品，加大非遗传承创新，并与各行业例如房产、汽车、餐饮等举办年画跨界活动，扩大年画影响力。她首次让滩头年画走向国际，去英国、波兰、捷克等国家进行文化交流，参加国内各地展演百余次，产生了重要影响。

钟星琳 × 湖南滩头木版年画

采访实录

"我认为,要想真正地保护好非遗,就不能闭塞发展,要让非遗进入现代人的生活,与现代生活中的产品做结合,融入人们"吃住行"的方方面面,走创新之路,才能有更好的未来。"

湖南滩头木版年画技艺有哪些特点?

湖南滩头木版年画采用我们当地山上林木制成的纸张,用色同样选用当地矿物质染料,整幅年画从原材料到最后的成品,都产自我们本地,这一点在全国的年画里是比较特别的。

印制年画

手工裁纸备用

钟星琳 × 湖南滩头木版年画

湖南滩头木版年画的传承方式是怎样的?

我们是家族传承方式,但我父亲也会收外面的徒弟,我因为比较年轻,还没开始带徒弟,所以目前主要是从技艺的可持续发展与商业运营方面去推广木版年画技艺,像我父亲那样的老艺人,就会更执着于传统手艺本身。

您哪一年参加的"清华美院-BMW非遗保护创新基地"项目?有什么收获呢?

我是2017年参加项目的,对我们传承人来说帮助非常大。我学习了很多传统工艺美术知识,在现代艺术设计课程中拓展了思维方式,了解了非遗文化创新发展的意义。学习完成后回到家乡,我结合在清华美院学到的知识,将我们的技艺与研学活动融合发展,与文创产品做结合,尝试了很多创新的非遗发展模式。

采访实录

对于国家近几年大力提倡的非遗保护与创新发展,可否分享一下您的心得或实际案例?

我认为,要想真正保护好非遗,就不能闭塞发展,要让非遗进入现代人的生活,与现代生活中的产品做结合,融入人们"吃住行"的方方面面,走创新之路,才能有更好的未来。比如湖南非常有名的网红饮品"茶颜悦色",我们共同设计了联名款年画,印在奶茶的杯子上,并用这些图案开发文创产品;我们还跟肯德基合作过年画主题餐厅,这算是融入了人们的"吃喝"。同样的还有长沙本地的商务酒店以及景区别墅,让年画融入游客住的房间内,以及将年画印在公交车上,这些算是融入了人们的"住"和"行"。最近我们还在跟一个原生态纸巾品牌合作,将我们的年画印在纸巾上,这款年画纸巾马上也会推出了。这种借助知名品牌、企业流量,将年画推广出去的形式是非常值得进行的。

钟星琳与茶颜悦色合作作品

钟星琳与茶颜悦色合作作品

您与品牌、企业合作使用的年画,一般是沿用传统图案,还是设计新图案?

所有图案都是需要二次创新设计的,不会把原图直接照搬到产品上。因为传统图案比较单一,都是中国人约定俗成的东西,比如平安、发财,而现代人和老一代人的审美差距是很大的。我们要紧跟时代发展的脚步,做年轻人喜欢的图案,当然我们不会脱离年画本身的美好寓意,你会发现我们现在设计的图案是很新潮的。像是牛年春节,我们和茶颜悦色合作推出的"牛里牛气过牛年"主题年画,画上有五头牛,每头都有各自的寓意,我们将这些牛进行变形、再创作,印在奶茶杯子和各种文创产品上,销量很好,非常受欢迎。

您是有自己的团队来进行年画的创新设计吗?团队人员的构成是怎样的?

是的。我们的团队里有非遗传承人,也有年轻设计师,双方共同合作完成设计。因为这种几百年传承的传统手工艺,年轻人不能够轻易理解,只有亲自做过这些传统工艺的手艺人,才能真真切切解读非遗文化的内涵,所以作为传承人,我会提出自己的想法,再让设计师帮忙做出来。打个比方,一幅年画最重要的就是要具有地方特色,需要设计师一看这幅年画的配色、元素,就知道它的产地是哪里,但年轻设计师不一定知道,如果让他们按自己的想法去做,那他画出来的大概率是一幅插画作品,跟年画没有任何关系。

采访实录

未来三至五年您有什么规划吗?

因为我们现在是湖南省的百年老字号品牌,那么之后我们肯定会推出自己的文创产品、生活用品;同时也要在传承手工技艺的前提下,紧跟当下社会与年轻人的审美去创新年画的题材及内容;除此之外,我们也有在做非遗进校园活动,目前主要在中小学开展,学生们每周有一节课的时间来学习我们的年画、一年下来大概是二十四堂课;我们在长沙也有年画展馆,已经跟旅行社合作开发了一条研学旅游路线。未来,我们主要会从以上提到的几个方面去发展。

钟星琳与茶颜悦色合作作品

项目心得

钟星琳 × 湖南滩头木版年画

钟星琳2011年大学毕业，毕业后在人民网湖南频道工作，六年新闻媒体工作积累的经验为她现在专门从事非遗传承奠定了基础。钟星琳的爷爷钟海仙、奶奶高腊梅和父亲钟建桐都是年画的国家级代表性传承人，这是令整个家族都非常骄傲的事情。钟星琳从小就零距离接触这项中国传统手工艺，作为爷爷奶奶带大的孙女，理应把他们的工匠精神传承下去，而带有浓厚民间色彩的年画和一个个年画背后的故事更让她燃起了激情。

年轻人的传承之路不会那么简单，从手工技艺开始，手工抄纸的加工、年画的刻板、套色、开脸，每一项都要精益求精，其中点睛、描腮红和画嘴唇更是要练习几千次后才能正式上手画，慢慢熟悉这门技艺后，保留年画传统技艺再去创新成为钟星琳的新目标。这几年每年都创作了新年画，以年轻一代的视角，用滩头年画的配色再搭上地域文化的元素，创新出来的年画既有滩头本地的风格，又能受到年轻一代喜爱。但小镇上的关注度非常有限，为了不让这项非遗就此陨落，钟星琳开始筹备让滩头年画走出小镇。

2016年，钟星琳在长沙开了第一家传习所，终于能让省城的人们重新关注这门手工艺了。2017年，钟星琳离开人民网并召开拜师仪式新闻发布会，正式全身心传承家族的年画。也是在2017年，钟星琳被湖南省文化厅推荐到清华美院参加进修，开始了年画的创新及研学课程的开发，同年参加央视《开门大吉》节目，在各个媒体平台推广滩头年画。

开脸之点睛

项目心得

从清华美院进修回来后,钟星琳与团队一起把年画的传统图案进行再设计,修改成为能让各年级学生体验的课程。滩头年画制作工艺复杂,团队便提取了其中最重要的套色工艺,让小朋友们手工实践。从用于教学的PPT,到材料的选取,再到课程试验,每一个步骤都注入了钟星琳团队的全部心血,而当长沙四大名校点名要上滩头年画的手工体验课时,她觉得所有的努力都是值得的,因为市场认可了这门研学课程。目前,钟星琳在长沙、韶山、隆回都有年画研学基地,2019年接待各年级学生共计两万余人,开发的课程也被各校采购纳入教学课程。从最初的摸滚打爬,到慢慢形成模式能产生利润,说明非遗传承是可持续发展的,关键在于创新应用形式和遇到困难永不言弃的坚持。

时代正发生着巨大变化,传承技艺、设计和商业相整合,用设计创新激活传统,使传统转化为资本,逐渐成为传统工艺活化的途径之一。在保护传统手工艺的前提下去开发新的内容和形式,怎么样保持古老年画的韵味又让年轻人喜爱便成为年画传承的难题。关于这个问题钟星琳思考了很久,单纯培养人们对年画文化的热爱很难,但如果提高年画的使用价值,让非遗渗透到人们的生活当中,让大家主动产生兴趣,会比单纯科普年画技艺知识更有价值。

于是在2018年这个各界关注非遗的火热时期,钟星琳团队开始了"非遗+"的各种跨界活动:利用新媒体做宣传、开设年画电商、做年画直播、录制抖音小视频,同时与房产、汽车、餐饮、旅游景区等企业合作策划年画活动及企业定制,让年画从各行各业渗透到人们的生活中去。例如湖南三一重工、房产中建江山壹号、宝马4S店、肯德基、雪峰山景区等都与钟星琳保持着良好合作。通过不懈努力活化年画,她带着年画走出中国,把年画作为省礼送给波兰大使;淘宝造物节上,马云老师也亲自体验了年画并表现出对年画深深的喜爱;也在这一年,钟星琳家族年画品牌"高腊梅年画"被湖南省商务厅认定为湖南百年老字号。

2019年,团队的创新和学习依旧保持着向上的劲头,各种合作也在稳步进行中。团队设计的年画公交车开上了杭州街头,成为一道移动的风景;带着年画再次走出国门,让英国的友人也能亲手体验中国传统文化;团队与京东的"神仙年画"活动共送出了一万份新年祝福,获得了市场一片好评;与肯德基合作设计了第一家滩头年画主题店;与清华学姐合作设计的新年画被BMW选定为新年祝福背景画……团队设计的文创产品完成了第一个百万元销售额。在隆回县文化旅游广电体育局的支持指导下,从银行贷款,加固并维修了家乡的百年老作坊,在小镇开设了一条非遗的研学路线。一切都向着充满希望的方向前进。

热爱让她开始,责任让她坚持。爷爷奶奶的坚守,父亲对年画技艺的一丝不苟,还有在学习年画技艺中父亲常说的"吃苦、不怕脏、要耐得住寂寞",这些都让钟星琳认识到:非遗传承人的技艺能流芳百世,不仅是我们的骄傲,还让我们从中感受到精湛技艺背后蕴含的精益求精、一丝不苟的"工匠精神"。

钟星琳 × 湖南滩头木版年画

钟星琳与肯德基合作作品

非遗产业化探索

非物质文化遗产的创造性发展案例

白 BAI
卡 KA

× 青海藏糖

将牦牛奶中的酥油、曲拉分离后，再将剩下的液体放在炉灶上长时间熬煮，凝结成的一种酸中带甜的糖浆，是很多藏族人记忆里最留恋的童年味道。

白卡 × 青藏藏衡

工艺介绍

"曲克安哒"藏语意为"香醇的奶膏",指的是将牦牛奶中的酥油、曲拉分离后,再将剩下的液体放在炉灶上长时间熬煮,凝结成的一种酸中带甜的糖浆,这是很多藏族人记忆里最留恋的童年味道。

传统藏家姑娘们不仅把"曲克安哒"作为主食,还用它作护肤品,这使她们虽处于海拔四千米以上的高寒区,经受恶劣气候的影响,可皮肤依然保护得很好,这正是曲克安哒显著护肤作用的显现。

曲克安哒糖果

传承人简介

白卡

白卡 × 青海藏糖

- 非物质文化遗产项目"藏糖制作技艺"代表性传承人
- 青年牧女商贸有限公司创办人

白卡全名白玛康珠,藏族,1988年出生在青海省玉树藏族自治州玉树市哈秀乡。她师从奶奶巴措师傅,是青年牧女商贸有限公司的创办人。该公司召集了二百多家牧区妇女提供原材料,组成了五人团队,用传统手工方式研发和生产绿色健康食品——曲克安哒(藏糖)产品。她将曲克安哒带出牧区,通过传承与创新,让人们更好地了解拥有四千多年历史的非遗藏糖制作工艺与藏族妇女的勤劳和智慧,从而带动哈秀乡的姐妹们烹制藏糖,一起脱贫致富。

白卡 × 青海藏糖

采访实录

白卡在牧户家中收购原材料

"我希望藏糖不仅能走遍中国,还能走上世界舞台,就像藏文字和藏民族服饰那样,人们一看到,就知道它的美。"

可以介绍一下青海藏糖的工艺流程及特点吗?

藏糖有着非常久远的历史。在过去,高原地区物资贫乏,藏人就用牦牛奶分离出酥油,煮成曲拉,剩下沥出来的液体可以制作成糖果或者护肤品,小孩当成零食糖果来吃,高原牧女会在脸上敷厚厚一层来保护皮肤,抵御高原地区强烈的紫外线,我奶奶那一辈的人都用这个来护肤。这几年做藏糖的人比较少了,因为藏糖工艺比较复杂,很多人嫌麻烦不愿意做,所以我们成立了一家小公司,传承了藏糖工艺,除了糖果,我们还做了香皂、面膜,主要是这三类产品。

您是怎么接触到藏糖工艺的?

小时候奶奶教我的。我没读过太多书,19岁时才上了一个私立学校。我想自己在牧区找点事情做,最后就选择了做藏糖,这是奶奶留给我的手艺。因为藏糖的原材料在本地区是很好取得的,所以我就选择了去创业。

藏糖在市面上还是比较少见的,您能形容一下藏糖的味道吗?

是一种独特的酸甜口味,不像其他糖果那样是单纯的甜。藏糖的原材料没有甜味,是酸的,具有开胃、补钙的功效,糖尿病患者也可以吃,但是为了满足大众口感,我们加了一点红糖,变成酸甜口味,使产品的接受度更好一些。

白 卡 ✕ 青海藏糖

您在参加"清华美院-BMW 非遗保护创新基地"项目后有什么收获？对于您今后的非遗发展有什么帮助？

帮助特别大。从清华美院学习回来以后，我们就知道了非遗不能只在家庭里面做，或者放到博物馆去展览，我们要让非遗变成生活的一部分，可以通过非遗挣到钱。有了这种想法，我们就开始把藏糖往系列化发展，在清华美院的老师、朋友的帮助下，我们的产品也得到了认可，有很多人想买，很多人想跟我们合作，这对我们来说是特别大的帮助。

对于非遗的创新发展，您有什么心得可以分享吗？

我们最初就是想把藏糖做得易于大众接受，于是考虑开发系列产品，像糖果、香皂、面膜，结果得到了很多人的认可，中央电视台、青海电视台、康巴卫视都对我们的产品进行了关注。但要使我们的产品走入市场，就需要有 QS 认证，所以目前我们是进行小范围的售卖，也一直在争取能建立自己的工厂。除了 QS 认证，我们的产品还需要精美的包装，因为这边是三江源头，产品包装一定要用环保材料，所以我们对于环保材料的选择非常苦恼，但我们一直在努力做改进，毕竟以前就是家庭作坊形式，现在有这么多人在帮我们推动藏糖的发展，我们也想让更多人了解到藏糖文化、尝尝藏糖的味道。2020 年，我参加了青海省农业农村厅举办的创新创业大赛，我们的藏糖系列产品拿到了一等奖，我认为获奖的原因是藏糖背后有着藏族文化支持，这让我们得到了认可。

曲克安哒手工皂

白 卡 × 青海藏糖

国家现在大力支持非遗创新发展,藏糖是否也迎来了发展机遇呢?

一方面是国家政策鼓励非遗文化发展,另一方面现代人们非常注重健康饮食,而藏糖恰好是具有很多功效的糖果,对人的身体健康有帮助,而且背后又有文化依托,所以我觉得藏糖的卖点是特别好的,但为了走入更广阔的市场,藏糖的标准化生产依旧是目前的一个难点。

未来三至五年您有怎样的计划?

主要是带学生学习藏糖制作工艺,还有就是刚才提到的,要慢慢把藏糖的生产扩大化、规模化、标准化。

将藏糖涂抹在面部作为护肤品

白卡 × 青海藏糖

项目心得

游牧民族敬畏和珍视自然万物，终年与牦牛为伴。牦牛不仅在藏族人民的生活劳作中扮演着重要的角色，还是藏族人民重要的食物来源。曲克安哒是藏族先民智慧的结晶，也是奶奶留给白卡最宝贵的遗产。在玉树，白卡与牧区的姐妹们一起做手工藏糖，她想把与自然界紧紧相连的绿色文化传承下去，也想把游牧民族的文化融在糖里，和大家一起享用。

2015年，白卡注册了牧女商贸有限公司，以"推广传统文化、传承古老工艺、倡导健康饮食"为理念，在哈秀乡哇龙村建起厂房，专门生产和研究具有藏族特色的曲克安哒。她邀请七名藏医调制酸甜度，做出更符合现代人味蕾的藏糖，味道不那么酸，甜度刚刚好。

公司成立后，白卡了解到从牧区来城市的妇女面临困难，便想方设法帮助她们改善生活。很多牧区的青壮年牧女为了孩子上学或者打工，放弃家乡牧场的牛羊，选择搬到城市生活。但是城市没有她们熟悉的牧场和挤奶打酥油的日常生活，她们也没有城市中的社会工作经验和技能。为了维持生计，她们只能打零工，收入并不稳定。因此白卡先后聘用十五名当地牧女做员工。藏族妇女勤劳朴实，她希望能帮助更多的藏族妇女走上就业之路，让这些走出草原的妇女姐妹从思想上"站"起来。白卡相信，曲克安哒和它所代表的藏族文化传承，不是单靠一个人可以实现的，需要大家共同努力。

2017年，白卡为自己"充电"，参加了"清华美院—BMW非遗保护创新基地"项目。在清华美院学习的宝贵机会，让白卡思考如何通过创新传承让非遗文化焕发新的生命力。在清华美院的非遗展上，老师和学生们品尝了白卡带来的曲克安哒，对这种传统藏糖的独特味道赞不绝口，积极为她出谋划策，帮助改进包装、开拓市场，打开非遗技艺创新发展的思路。

奶奶是白卡的引路人，指引白卡一路走来，帮助很多人留住童年记忆里的藏糖味道。曲克安哒背后，更是寄托着白卡的美好愿望。她希望人们品尝这颗小小的藏糖时，能够想到藏族文化。希望藏糖不仅能走遍中国，还能走向世界舞台，就像藏文字和藏民族服饰那样，人们一看到，就知道它的美。

藏糖制作

何国良 × 北川羌绣

何国良
HE GUO LIANG

× 北川羌绣

羌绣制品以花围腰和云云鞋为代表，所绣图案多呈几何形状，构图严谨，组织匀整，装饰性很强

何国良 × 北川羌绣

工艺介绍

羌族刺绣是流行于四川等地羌民族聚居区的一种传统刺绣艺术，羌绣的历史最早可以追溯到新石器时代。古老羌族器具上的简单纹饰、几何图形，被广泛地运用于羌人的日常生活中。自从羌族人掌握了织麻和彩陶技艺后，就随之产生了刺绣服饰工艺。羌族刺绣针法以精巧细致的架花（挑花）为主，此外还有织字（提花）、纳花（扎花）、撇花（平绣花）、勾花（链子扣）等多种技法。羌绣制品以花围腰和云云鞋为代表，所绣图案多呈几何形状，构图严谨，组织匀整，装饰性很强。其色彩爽丽明快，以黑白为多，而挑花和纳花设色绚丽夺目，五彩斑斓。

何国良羌绣作品

传承人简介

何国良

- 羌绣品牌"云云羌"负责人

何国良 1965 年生,北川片口人。何国良自小耳濡目染,穿戴着母亲、奶奶等长辈们精心绣制的服饰,读小学时就跟姐姐学会了使用缝纫机制作衣服,初中毕业后跟随姐姐详细学习羌族服饰制作。2008 年 5·12 汶川地震后,何国良返乡创业,进入了羌族服饰和羌绣行业。为了更好地传承和发展,2009 年何国良拜邱光合为第二个师父,经过多年的学习和研究,把羌族服饰配饰及羌绣带进了 2010 年的上海世博会,2018 年参与了清华美院的北京时装周。通过不断地创新与发展,他把创新和改良的现代羌族服饰配饰销往全国各地,并希望能尽快推向国际舞台。

何国良指导绣娘

采访实录

何国良 × 北川羌绣

羌绣工具、绣线

"自打那时起,我就毅然决定要拯救、挖掘、传承我们的羌族服饰与羌绣,到现在我可以自信地说:我做到了。"

您能介绍一下羌绣吗?

羌绣源于我们羌族地区,妇女在劳动生活中,用本地区的原材料,比如麻线、棉线,在衣物中做的一些缝补纹样,既能够让衣服更耐磨,也能装扮服饰。

这些纹样的针法最早是单线的,像架花、挑花,为了展示刺绣的线条美,简单且粗犷。到了近代,就演变出了多种绣法,比如彩色绣、双面绣。这些针法的演变,从最原始的简单线条,到具有构图、审美的刺绣图案,承载了羌族几千年的历史文化,因此也可以说羌绣是穿在身上的历史。

羌绣真正得到人们的关注,是从 2008 年 5·12 汶川地震后开始的。羌绣作为北川县的古老文化,曾经一直是本地老百姓日常生活中的服装配饰,最多就是互相赠送。自打那以后,一些非遗传承人和企业家为重振北川,便将羌绣文化推广向全国,羌绣逐渐演变成了装饰品、纪念品、礼品等,羌绣也因而走上了商品化之路。

何国良 × 北川羌绣

您是怎么接触到羌绣技艺与羌绣传承的呢?

我是土生土长的北川片口乡羌族人,自幼就接受羌族文化的熏陶,但我从事羌绣技艺传承的真正原因是比较特殊的。

长大以后我先是当兵入伍,后来参加工作,直到 2008 年 5·12 汶川地震,我赶回了老家,看到惨烈的故乡与遇难的同胞,包括我们羌族的文物、古迹都被破坏得很严重,感到无比心痛。面对这场沉痛的灾难,我的价值观发生了变化,过去的我只为自己而活,现在的我想为家乡做点事情。当时我看到很多羌族居民在地震后搬迁的过程中,丢失、烧毁了很多老旧服饰、绣片,我就赶紧去把这些东西"抢救"过来,用钱买回来,再收藏起来,好保留住羌族文化。到现在,我的收藏品已经达上千件。作为一名男士,我亲自动手做羌绣的机会比较少,更多的是去做研究与开发,引领当地妇女们投入到羌绣事业中,带动再就业的同时培养下一代传承人。

羌族的历史是没有文字记载的,它几千年传承下来的文化与审美,全部集中在羌族人的服饰上,所以自打那时起,我就毅然决定要拯救、挖掘、传承我们的羌族服饰与羌绣,到现在我可以自信地说:我做到了。

何国良羌绣文创作品

391

何国良 × 北川羌绣

采访实录

您参加"清华美院－BMW非遗保护创新基地"项目后有什么感受呢？

我是在2016年受邀参加本项目的。我们这些在农村长大的孩子，没读过太多书，也没上过大学，所以接到通知后我内心兴奋得不得了。项目组安排我们去清华美院跟业内顶尖级教授学习，还去了苏州阿里巴巴体验非遗转化，整个学习过程非常到位。

我原本是没有设计基础的，但通过这次培训，我对非遗发展及后续产品研发的思路与理念打开了，比如陈岸瑛老师教导我们，要想将非遗活化，就要走生活化、实用化的路线。

在整个项目中，清华美院的老师们亲力亲为，来到我们北川当面做指导，包括BMW，在项目中投入很多资金和人力，帮助我们推广北川羌族非遗，意义非常大，非常感谢。可以毫不夸张地说，这个项目给当时贫困且封闭的北川地区带来的蜕变是革命性的。

何国良羌绣作品

您对于近年来的非遗保护创新发展及非遗进入现代生活的理念有什么心得吗？可以分享一些案例吗？

最早在 2010 年前后，我们做羌绣服饰，但因价格昂贵、受众面小，就主要给当地政府、企业作礼品之用。

2014 年，从台湾地区来了一批客人到北川考察学习羌族文化，他们觉得羌绣的民族特点非常浓厚，于是跟我们订购了大概六百件绣片，而且对绣片的质量要求相当高。我们当时并不知道他们要拿绣片去做什么，只是知道他们来自一个文创工坊。我们召集了很多绣娘，一个月就把订单赶制出来。后来他们寄来了样品，是一个用我们的绣片制作而成的零钱包，非常可爱、精致。我感到非常惊讶，一个小小的绣片就能起到给零钱包画龙点睛的作用，我从来没有考虑过羌绣还有这种用途。

2016 年，我到清华美院参加培训，我意识到我们过去的产品路线太单一、太局限。但要将传统的羌绣图案做到与现代生活方式、家居环境相融合，是有一定难度的。这么多年来，我们也一直在探索、创新，又受先前台湾同胞的启发，我们将羌绣和一些小的文创用品、伴手礼相结合，比如书签、笔记本、小丝巾、小方巾等。除此之外，还尝试了"跨界合作"，比如让羌绣和羌族银饰、羌绣水墨漆艺相结合，反响不错。总之，我们现在开发新产品时，一定做到有创新、吸引人，避免产品的同质化。

羌绣的传承方式是怎样的？

羌族有句俗话，会说话就会唱歌，会走路就会跳舞，会唱歌跳舞就会绣花。所以从传统上来说，羌绣是羌族各家各户妇女都会的手艺，区别只是有的人绣得好一些，有的人绣得差一些。很多绣娘从几岁开始就在跟着大人学刺绣，绣得越好越受人喜欢，如果她出嫁时绣了很多嫁妆，那就说明这女孩儿非常聪明能干。

现代的羌绣为了商品化发展并形成产业链，就需要我们召集绣娘到公司进行培训。我们会联合妇联、人社局等，给予这些来培训的绣娘一定资金支持；也会去乡间山里，给绣娘进行集中的小规模培训。这么多年下来，我们基本在北川各个乡镇都做过培训。现在，我们公司里都是能够绣出高水平作品的绣娘，还有一些小件产品，就会送到乡镇里，让那里的绣娘们实现居家灵活就业。

何国良 ✕ 北川羌绣

采访实录

对于羌绣的未来发展您是怎样计划的?

自新冠疫情以来,我们这边景点周边餐饮、酒店都没有客人来往,再加上企业和学校不办活动了,我们的订单比起以往来说少了很多。但这么多年下来,我们积攒、搜集、整理了很多羌绣图案、纹样、针法,以此为基础,我们没有停下开发新产品的脚步,例如文创、伴手礼,包括我们的羌绣真皮包还入选了成都设计周,反响很不错,这也说明我们的产品是没有落后于时代发展的。目前,我们在政府支持下建立了一个直播间,去线上直播我们的羌绣技艺,从而推广我们的品牌与产品。

除此之外,近日来我在与一位杭州设计大师在谈合作,他们是一家做服装的公司,找到我是为了了解羌族的历史、文化、服装,交谈过后他很满意,打算与我们就羌绣服饰合作比较大的项目,这是我非常期待的事情。将来,我们会再加大资金投入,希望能遇到更多合作伙伴,也希望政府能在政策上给予一定支持。

何国良羌绣文创作品

项目心得

何国良 × 北川羌绣

近年来,通过参与"清华大学美术学院—BMW非遗保护创新基地"项目,我们的团队在清华美院陈岸瑛老师的指导下成立基因库和博士工作站,专注于研发和打造更丰富的中高端禹羌文创产品、服饰品、羌族手工艺品,量身定做高端手绣服装。利用好创新跨界的"1+1"新模式,目前已经研发、设计并制作出十大系列六十个品种的羌族文创产品、服饰品及跨界合作的创新精品。

如今,公司在北川及整个羌区已经有了一定的口碑和影响力,所开发的生活化、实用化服装饰品已初步得到市场的认可。公司争取在未来两年内建成集研发设计工作室、顾客体验店、品牌销售店、非遗展示展览为一体的羌族服饰及羌绣文创整体产业园。针对高级技能人才紧缺情况,向相关部门争取职业技能高级培训项目资金支持,对基础条件和综合素质好的中等级绣娘,进行专业性、系统性培训。加大对新型销售平台的资金投入,打造完善的新型网络和自媒体平台,建立线上线下优质的互动平台,扩大市场推广、宣传和销售平台。

目前,北川羌绣已经逐步形成相对成熟的产业链,未来,公司也将为北川羌绣产业和文化旅游产业发展作出更大的贡献,真正把妇女居家灵活就业的政策推广到最大程度,让羌族非物质文化遗产传承、发展、走出国门,将北川羌绣和公司品牌推入国际化品牌行列。

牛义贵 × 古羌茶艺

牛义贵
NIU YI GUI

× 古羌茶艺

古羌文明源远流长，神农氏、大禹皆为古羌人，相传神农尝遍百草，发现茶叶，大禹之妻涂山氏发明的罐罐茶为古羌茶艺之源。

工艺介绍

古羌茶艺即古羌罐罐茶的制作技艺。古羌文明源远流长,神农氏、大禹皆为古羌人,相传神农尝遍百草,发现茶叶,大禹之妻涂山氏发明的罐罐茶为古羌茶艺之源。最早有北川古羌茶文字记载的时代为唐代,距今有一千三百多年历史。

古羌罐罐茶制作技艺从原始时期到现在经历了几个不同模式的发展阶段。现代的古羌茶是在挖掘羌人传统茶叶制作技术的基础上,以唐代的神泉小团制作工艺为参照,选用国家地理标志保护品种——北川苔子茶,经传承并创新研制而成的一类具有褐叶黄(红)汤、陈香浓郁、滋味甜醇品质特征的茶叶。

北川苔子茶

传承人简介

牛义贵

- 国家高级/一级评茶师、茶艺师
- 省级非物质文化遗产项目"羌族罐罐茶制作技艺"代表性传承人
- 四川省制茶大师、四川茶区十佳匠心茶人
- 北川羌族自治县非物质文化遗产保护协会会长、县茶叶产业协会会长

牛义贵年轻时跟随四伯熊应录学习古羌茶手工制作技术，精于制茶中火候的掌握，发酵工程中发酵程度的把握，善于茶文化研究，所创羌茶"尔玛红"被评为"第七届亚太茶茗大奖特别金奖"，制作的"尔玛凰羽"获"第七届中国黄茶斗茶大赛金奖"。2009年建立古羌茶艺表演队，并对古羌茶文化进行了深入的研究。

牛义贵 × 古羌茶艺

采访实录

"现代化的生产模式实际上是对传统技艺的提升,也是标准化、规范化的发展,这对于产品在市场上销售是有利的。"

煮制罐罐茶

您能介绍一下羌族茶艺的特点吗?

羌族茶艺即古羌罐罐茶,简单来说就是用罐罐来煮茶,然后捞出叶子,再加入各种食材、调味料。比如我们会加羊肉、酥豆、荞麦,调味料根据个人的口味有所选择,四川地区湿气重,我们喜欢加辣椒、花椒。

羌族人吃罐罐茶,也是与我们在山里生活的习性有关,因为我们家家户户都种茶,房前屋后都有茶叶,有人来的话我们就去砍一点叶子。为了让罐罐茶的滋味更浓,茶叶一般选稍微老一点的,然后将它放到火塘里去烤一下,洗干净以后,把叶子摘下并揉制、晒干,然后放在土陶的坛子里,用一些木炭放在坛子的下面,这样的话木炭可以吸收水分和异味,让它的保存时间长一点。

罐罐茶的茶叶是什么品种?种植条件是怎样的?

我们这个茶叶的品种叫作北川苔子茶,是北川原生品种,并且基本都是百年以上的古树。因为是古树,它会和粮食种在一起,人们既有粮食的收成,也可以采茶叶。比如说我们茶地里种了中药材、黄豆、土豆,它们开花后,茶叶就和它们相互影响、相互吸收,所以我们茶叶是比较有韵味的,这在全国来说都比较少见。而且我们的茶叶都在高山上种植,是典型的高山茶。高山出好茶,我们的茶叶都没有农药残留,是一个非常安全的高品质茶。但是它的产量不是很高,这是它的一个缺陷。

这种茶叶给当地带来了怎样的经济效益？

在过去，茶叶算得上是北川的农业支柱之一，农民的主要收入要靠茶叶。但那时茶树是国有的，采摘后都要卖给国营的茶厂，不能私人制作、销售。再加上以前的经济条件不是很好，导致茶叶的销售价值不高，一斤茶可能只有二三十元钱，所以农民收入也不高。但是家家户户都种茶，能卖一点是一点，以便给家里一些补贴。现在就不一样了，高品质的茶能卖到两三千元，大致是这样的情况。

您是怎么接触到这种茶的制作与生产的？

我家祖辈几代人都在做茶，但我父亲是个木匠，是我父亲的四弟继承了做茶的手艺，每次我们家做茶都会请他来，看他做茶的时候，我觉得很有意思，于是产生了跟他学做茶的念头。所以说我从很小的时候就开始跟着学习做茶了，但真正把这手艺当成自己的事业来做，还是从1996年开始的。

是什么动机让您决定去从事这个行业呢？

那时北川的路没修好，周围又全是高山，种茶叶比较符合当地环境条件，但人们都把茶叶当副业，没有重视起来。我觉得北川的茶叶在全国都算是比较好的，拥有这种优秀资源却没有利用好，导致老百姓的收入不高，于是我产生了帮助家乡推动这一行业发展的想法，再加上我们家族本身一直在做茶，有这方面的基础，所以后来就决定专门从事这一行业了。

后来发生了5·12汶川地震，为了让受灾百姓有重建家园的信心，首先就要让他们兜里有钱。于是我们在2008年11月，新建了茶叶粗加工厂，2009年3月春茶出来的时候，我们就开始收鲜叶了，解决了人们对收入的顾虑，让他们有信心把茶叶做下去。地震发生之后，每一个北川老百姓都不容易，所以我想把这个产业发展好，让大家都挣到钱，尽快恢复、重建家园，让羌族兴旺起来，让羌族人在自己的家乡长久地生活下去。

茶品包装

采访实录

您从事这个行业的生产或经营理念是怎样的？

以前，茶叶统购统销，不愁卖，现在政策放开后，做茶叶的人越来越多了。所以我们首先要保证的就是产品品质；其次是卖茶，我们要有自己的品牌。我们目前主要在这两个方面下功夫，先把产品的质量做好，然后把品牌推广开来，这样产品就有生命力，能走得更远。现在我们公司的茶叶年加工量在三百吨左右，产值达两千三百多万元，在绵阳市能排前三名。

您怎么看待传统手工制茶技艺与现代化、规模化的厂房生产模式之间的关系？

我们现在在厂房里使用现代化设备，实际上都会遵循一个原则，就是在发展中传承古人的智慧。举个例子，在制茶中有一道"杀青"工序，传统的做法是用手去感知温度，一般来说烫手背就算达到温度了，但是我们没有办法量化。现在我们采用了机械设备，可以预设好"杀青"的温度，这样温度是恒定的，做出来的茶叶，品质更加稳定。再比如，工人手工筛选茶叶，一天能筛选二十斤，而筛选机一天能够筛选两千斤，大大提高了生产效率，品质也更好。因此，现代化的生产模式实际上是对传统技艺的提升，也是标准化、规范化的发展，这对于产品在市场上销售是有利的，毕竟全凭人的感觉去做的话，产品品质不能得到保证。用传统的手工方式去做一些特色的小众产品没有问题，但要做大众的、标准化的，还得依靠现代的手段和设备来完成。

您参加"清华美院－BMW非遗保护创新基地"项目后有什么收获吗？

印象很深的是清华美院的老师告诉我们，发展非遗一定要结合市场做创新，关在家里闷头做是行不通的。于是，我逐渐改变了过去的经营理念，关注市场需求，打造具有文化内涵的品牌。从清华美院回来后，我们结合所学到的理论知识，仅用了两三年的时间，就将我们的品牌知名度打响了，不仅受到了省里的关注，还得到了很多国家级的荣誉。总的来说，参加"清华美院－BMW非遗保护创新基地"项目后收获非常大。

工厂制茶

为了让这种传统的罐罐茶文化在现代社会被更多人接受,您做过哪些创新发展呢?

茶是中国的国饮,如果我们要将罐罐茶真正传承下去,将市场做起来,首先得在年轻人身上下功夫,思考如何让年轻人喝我们的茶。现在很多年轻人没有喝茶的习惯,他们更多地选择一些方便、快捷的饮料,比如奶茶。所以我们要研究年轻人为何不喝茶,问题在于茶叶的生产者没有给他们做一杯他们喜欢的茶。那么为了让年轻人喝茶,就要了解他们对茶的需求,比如要方便,传统的茶文化往往把泡茶过程讲得过于烦琐,喝一杯茶要半个小时,而年轻人喜欢快捷;茶叶包装要时尚,市面上大多茶包很传统;还有关键一点,就是要简单、好喝,有的茶泡不好会苦涩。我们现在正在开发冷泡茶,用冷水就能冲泡,简单方便,很符合年轻人的需求。我相信茶产业的未来市场还是要依靠年轻人,我们想让更多年轻人了解我们自己的传统饮料,并将它作为主流饮品来喝。

另外,我们开发了一款代餐产品。罐罐茶本身是一种食用类茶,需要在家里煮制,没办法在外面吃到。所以我们基于食用茶的理念,用茶加上我们山里的青稞、芝麻、荞麦等有机作物做成袋装茶粉,如此一来会方便很多。大城市的年轻人,早晨上班来不及吃早饭,那么可以在车里,或者到了办公室后,吃一袋我们的代餐茶粉。它对人的身体健康很有好处,可以降脂、减肥、促进肠道蠕动,这跟现代社会追求健康食品的诉求是相吻合的。目前我们在为这些代餐产品开发好看且便携的外包装,毕竟年轻人都喜欢方便、好玩、有趣的东西,这是市场发展的大趋势。

牛义贵 × 古羌茶艺

制茶

您现在在销售方面有没有用到网店、直播？

在销售方面，电商我们都有在做，包括天猫、京东，其实我们从2006年开始就在阿里巴巴进行销售了。但是我们网上销售的效果并不是太好。原因是我们现在做的产品都是传统的，而且之前都是通过线下渠道进行销售的。现在直接把线下销售的产品拿到线上来，存在一个问题：线下的消费者和线上的消费者不一样。我分析了一下，线上的消费者大多是一些文化层次比较高的年轻人，这一类人的购买喜好不会太倾向于这种传统的产品。网上进行销售的产品一定要符合网上销售的特征，这样会更好。实际上我们也在逐步地改善，我们专门做了一个网销的产品体系，这样有利于在网上销售，而传统的产品就放到线下销售。现在直播也有在做，比如我们在茶园里做直播活动，每年的采茶节都进行直播。

茶叶还有一个问题，它的地域性太强了，比如我们国家有四大茶区，每个茶区的品种、品质特征都不一样，消费者可能更习惯于某一个产区的茶叶的口感。所以，在网上销售的话，还是调味茶、代餐茶更好一点，这就是茶叶市场的现状。

采访实录

您把品牌做大后,对于周边农户、茶户的生活有没有一些切实的改变?

我刚开始接触茶产业的时候,一亩地茶园的收入是七八百元,那个时候茶农还把茶叶当副业。但是通过我们转变企业经营理念(如加强对品牌的打造)以后,我们的市场就拓宽了,需要去收更多的茶。比如我们工厂收茶叶有一个固定的村,叫田坝村,这个村的村民已经把茶叶当主业了,除了种茶,其他粮食都不种了,就种一点蔬菜。现在一亩茶园最多能收入五千元,在全县里,田坝村的茶园收入算是比较高的。

另外我们的古茶树,就是前面提到的苔子茶,产区比较远,但因为它的质量确实很好,我们就在苔子茶的古茶树产区,给当地的茶农建造了一个茶叶初加工厂,并教给他们怎么对茶叶进行初制,好让茶农把第一道工序做完后再拿回我们的工厂做精制,这样的话就减少鲜叶在路上的运输时间,解决了鲜叶因路途遥远而品质变差的问题。

现在,我们的茶不仅是四川名牌,还于2016年得到了世界绿茶金奖,对于提升品牌影响力有重要作用。品牌上来了,市场扩大了,效益提升了,我们就加大力度去收茶农的茶,茶农再返回去发展茶叶基地,把种茶当成主业,收入也就增加了。北川是贫困县,脱贫攻坚在农业方面主要靠茶叶,北川有八万多亩茶园,涉及的贫困村比较多,只有茶产业发展起来了,北川县才能够长久脱贫。

制茶

采访实录

牛义贵 × 古羌茶艺

现在政府提倡乡村振兴，经济振兴是一方面，生态环境同样重要，我们的茶园大规模地兴建起来，除了本身的经济收益外，对于乡村环境、旅游等方面是否也有所帮助？

茶叶产业发展，我们分第一产业、第二产业、第三产业，第一产业效益是最低的，因为现在时代在进步，老百姓兜里有钱了，就会想去旅游、去体验，所以我们近几年探索了一些茶旅融合的方式，即第一产业和第三产业融合发展。茶园在过去只做卖鲜叶和鲜叶加工，现在我们发展茶园的旅游观光以及茶叶采摘体验，比如让学校学生来研学，教他认茶叶、采茶叶、做茶叶、茶艺表演，慢慢地，茶园就热闹起来了。游客一多，还能够带动北川农产品的销售，比如说豆腐、魔芋、土豆，城里人都很喜欢这些山里的绿色食品。这就是我们说的农旅融合的好处，也是我们未来发展的大方向。

不同技艺的传承人对于"成功的传承"有不同的理解，对于羌茶来说，您认为什么才是"成功的传承"？

我认为非遗传承不一定非得死守，而是要把非遗融入我们的产业发展中，产业发展有了市场，就有了生命力，换句话说，我们就有更多的资金投入到这个项目的保护和传承中。我们不能守着传统不变，要有所变通，虽然不能让非遗产业化，但是也要服务于产业，这样非遗才有生命力。

我在教徒弟的时候，也向他们传达了这样的理念：技艺的应用范围要宽、要广，一定要用技艺把产业培育起来。除了传授给徒弟以外，我们现在在北川盖头村组织村民学习制作羌茶，学会制作茶叶之后，村民们可以开设农家乐，吸引城里的游客们来消费，比如吃农家菜、体验做手工茶，游客们还会回购茶叶。现在村里已经培育了三十多户农家院，大家都增加了收入。而且我们会逐步向全县去推广传授羌茶制作技艺，全县有十一个乡镇都有茶园，如果把这十一个乡镇的企业加工都带动起来，让农民学会传统技艺，以这个来吸引游客，那么产业就发展起来了。这样我们的羌茶就有了传承，人人都看得到，人人都知道，羌茶就推广开了，产业就做起来了，所以我认为非遗还是要服务于产业发展。

您对企业发展与羌茶传承的未来有什么规划？

因为我现在不光是企业的负责人、羌茶技艺的传承人，还是北川茶叶协会的会长。我们会以协会的力量把大家聚集起来，打造一个北川苔子茶的功能品牌，用这个功能品牌去占领市场。因为很多茶叶都是以功能品牌的方式走出来的，比如龙井、碧螺春、普洱、铁观音，它们实际上都是一个功能品牌。我们想和政府一起把这个功能品牌打造出来，那样企业的品牌也就出来了。

我们具体要怎么做呢？第一，我会推动这个区域品牌的建设，至少把它打造成少数民族里面的第一茶叶品牌，叫北川苔子茶。第二，羌族的历史文化很悠久，我们在羌茶文化上下功夫，推广羌茶文化，给农旅融合和苔子茶品牌注入文化内涵。这两件事情是我们首先要做的。第三，我们要建立一个北川苔子茶产品的质量体系，以前的企业各自生产，技术标准不一样，那么市场竞争力就比较小。我们想进行质量体系建设，把每一个企业加工的产品都统一到相同的质量标准，这样就可以抱团发展，以同一个标准把所有的茶叶聚集在一起推广出去，形成一个完整的全产业链。产品质量做好了，那么对茶基地建设也要有标准，茶叶生产的技术规程和加工企业的质量体系是相吻合的，优质的产品要有优质的鲜叶来源。质量体系建设和基地建设的规范有利于促进品牌的市场营销。

未来北川茶叶要走特色化道路，不求数量，只比质量。我们给品牌一个定位，就是高山古树生态茶，这也符合市场对健康产品、健康食品的需求，北川茶叶有了附加值，未来也会有更大的发展空间。

茶品包装

牛义贵 × 古羌茶艺

项目心得

茶品包装

牛义贵 × 古羌茶艺

牛义贵在 2016 年参加了"清华美院—BMW 非遗保护创新基地"项目。作为一名茶叶制作者、工匠，同时也是企业管理者，首先是在经营理念上有所收获。像是清华美院的老师告诉他们，非遗技艺不应关在家里闷头做，而是要结合市场现状，进行创新发展，另外一点是关于品牌的打造，在品牌这方面，大家都追求时尚。什么叫时尚，清华美院的刘悦老师说了一句话："传统的就是时尚的"。因此要将时尚的产品与传统的文化结合起来做，赋予品牌文化内涵，这对品牌打造乃至产业发展都是非常有利的。

牛义贵回到家乡后，将在清华美院学习到的理论知识用于实践，通过两年时间就将他们的品牌打造成了四川知名品牌，省里开始做宣传，知道他们的人越来越多，市场也变得更加宽阔。在 2019 年，他们成为四川省省级农业产业化经营企业；同时，借助北川被评为四川省全域旅游示范县的契机，开始开发羌文化系列文创产品，获得了国家旅游产品银奖。

产业要发展，技能要先行，只有做出好的品质，才能做出好的产品，才能推动产业发展。未来，牛义贵会继续大力推动北川苔子茶产业规模、加快北川非遗事业创新发展、助力北川乡村振兴。

王小琴

WANG XIAO QIN

× 宁强羌绣

宁强羌绣图案源于羌族人民的日常生活,配色大胆,色彩绚丽,具有独特的审美价值、审美造型,蕴含着深厚的中华民族历史文化内涵。

王小琴 × 陕西宁强羌绣

王小琴 × 陕西宁强羌绣

工艺介绍

以游牧为生的古羌人目识心记、神与物游。羌族妇女用勤劳的双手、聪明才智、淳朴天性以及艺术才能将自然万物与内心美好的愿望用针穿引彩线,在粗布上绣出图画。羌绣图案源于羌族人民的日常生活,绣品用于日常服饰和礼仪活动,以"万子格""水波云"等为代表样式,配色大胆,色彩绚丽,具有独特的审美价值、审美造型,蕴含着深厚的中华民族历史文化内涵。

王小琴羌绣作品

传承人简介

王小琴

王小琴 × 陕西宁强羌绣

- 非物质文化遗产项目"羌绣"代表性传承人
- 陕西省第十三届人大代表
- 全国三八红旗手
- 陕西省脱贫攻坚先进致富带头人
- 宁强县羌绣品牌"羌州绣娘"创办人

作为一名从穷山沟里走出来的农家女，她主动融入脱贫攻坚主战场，通过"公司＋合作社＋绣娘"的模式带动全县八个乡镇设立了羌绣专业合作社，并先后培训六百多名绣娘，使该县贫困妇女实现居家灵活就业，人均年增收三千元到一万元不等。

「羌族刺绣不仅仅是一门手工技艺,更是一种非遗文化的传承,而且还能带动一大批贫困、弱势群体去增加收入。」

王小琴正在指导绣娘

王小琴 × 陕西宁强羌绣

采访实录

您能简单介绍一下宁强当地的羌族文化吗？

我们羌族主要分布在陕西、甘肃和四川这三个省份。在陕西这边，羌族文化特征最明显的是宁强县，还有略阳县和凤县。我们宁强是国家级羌族文化生态实验保护区，同时也建立了高标准的羌族产业博览园以及羌族博物馆，对羌族人民最古老、最传统的生活保存得非常好，比如陕南羌族的土木结构瓦房、羌族人平时生活中吃的鼎锅饭、洋芋搅团，还有我们的服饰以及刺绣，这些都是比较明显的羌族文化特征。

羌族刺绣相对于其他刺绣来说，最重要的特点是什么？

羌族刺绣的特点就是它既不画图也不打样，四大名绣一般都是要将底稿打印在布上，再将色彩提前搭配好，有了这些再去配绣线。而羌族刺绣是由绣娘根据生活中的花鸟走兽与大自然中的色彩，发挥自己的灵感创作而成的，色彩非常鲜艳；羌族刺绣另一个特点是以棉麻为主，因为过去羌族人民的衣服穿破了，就会用刺绣的方式给破洞打个补丁，在增加牢固度的同时也修饰了衣服，让衣服更加美观，这也促使羌族刺绣技艺在演变、传承中不断创新。

一直以来，我们围绕着昨日的保护、今日的传承与明日的创新这种发展理念，将古老的羌族刺绣工艺通过老艺人口述的方式去整理，让没有刺绣基础的年轻绣娘们跟老艺人去学习基本针法与色彩搭配，从而使年轻人加入我们的队伍，同时我们也在开发创新型产品，让羌族刺绣走到市面上，帮助贫困山区里的羌族妇女增加收入，这是最关键的一点。如果我们没有能够创造有收益的产品，那么传承的旗帜举得再高，非遗技艺也无法转化成生产力，那么传承也是失败的，因为我们是要维持生活的。所以在技艺培训这方面，我们也在加大力度，让更多绣娘能够挣到钱，这才是实实在在的事情。

您当初是怎么走上传承羌族技艺这条道路的？

我的奶奶和母亲做了一辈子羌族刺绣，在这种家庭氛围的耳濡目染下，我也从小学习这门技艺，再加上我后来学习服装设计，我常常会把刺绣元素融入服装中。

后来我慢慢了解到，羌族刺绣不仅仅是一门手工技艺，更是一种非遗文化的传承，而且还能带动一大批贫困、弱势群体去增加收入，我感到这是非常有意义的事，有必要继续做下去，不仅要保护好，更要传承好，为我们的绣娘增收致富。

王小琴 ✕ 陕西宁强羌绣

在羌族刺绣技艺传承方面您做过哪些努力?

我们在非遗传承中,经常要到农村的田间地头去做宣传,去鼓励绣娘。很多绣娘刚开始学做刺绣时,手艺不好,但她们做的绣片我们也会收来,一个绣片大概三五十元钱,这就要用我们自己挣的钱去给她们补上,如果我们不肯收,她们就挣不到钱,对自己没了信心,也就不愿意再做了,所以说我们不仅是在经济上给予补助,在精神上同样要鼓励、支持她们。

我认为教会绣娘传承这门技艺是一件意义重大的事情,比如今年洪涝灾害多,农业受损严重,天灾人祸的事情没法控制。但像我们这种手艺,只要学会了,不管晴天雨天,只要是闲暇时间,在家里就可以挣到零用钱,也算是一种灵活就业的形式。

您在羌族刺绣技艺传承与推广方面有哪些难忘的经历吗?

在做技艺培训的过程中,有很多人不理解,她们觉得这门手艺挣不到钱,就不愿意加入,这时候我们就得好好地宣讲国家政策对非遗的支持与补助,好让她们加入到我们团队中来。

我们非遗传承人为了保证技艺的传承,要做的事情太多了,我们付出了多少努力,有多少辛酸,以及"羌州绣娘"品牌创业的艰苦,只有我们经历过的才知道。

王小琴羌绣作品

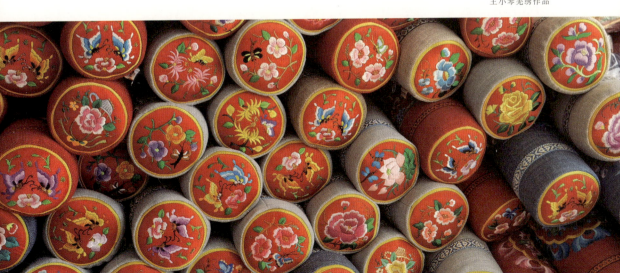

王小琴 ╳ 陕西宁强羌绣

项目心得

宁强是国家羌文化生态保护实验区，羌文化遗痕处处可寻，民俗、民风都有良好的保存，但随着一些非遗传承人年龄的增长及外出务工人员的增多，非遗项目面临手艺失传及后继无人的绝境。王小琴坚定信念，要把从小在母亲手中学到的羌绣技艺传承下去。在学习过程中，她克服了许多困难，最开始，她对电脑操作很陌生，连复制粘贴都不会，为了学习电脑制版，哪怕在走路、吃饭时还在琢磨，以至于每天的梦中都在修改制版的针法、图形，最后，终于能够熟练操控。为了进一步系统学习羌绣艺术，王小琴先后到陕西师范大学、北京大学木兰商学院、北京服装学院、苏州工艺美术学院等院校去学习提高，抓住机会虚心请教老师，在学习中积累了宝贵的经验，使她对羌绣艺术有了更深的认识和理解，增强了发展羌绣的信心，并为了不断创新，将学到的知识转化成羌绣作品，多方筹集资金购置设备，装修车间。

"一枝独秀不是春，百花齐放春满园。"参加"清华美院—BMW非遗保护创新基地"项目，王小琴学到了企业运营知识。为了开拓市场，她对全县从事羌绣的民间妇女和市场需求进行了调研，成立了宁强羌州绣娘文化有限公司，注册了"羌州绣娘"商标，先后带动全县六个羌绣专业合作社、十个羌绣传习基地的发展，为他们提供羌绣技术培训。2015年至今，开展羌绣技能培训四十余期，培训绣娘四千人，为大家提供了一技之长，使之成为绣件粗加工的主力军，弥补了农村个体业绣品单一且创新度不高、艺术价值和经济

王小琴羌绣作品

价值低的不足，形成了"公司＋学校＋合作社＋基地＋绣娘"的文化产业带贫模式，基地、合作社形成辐射带动作用。公司还探索统一订单、预付生产定金模式，极大鼓舞了姐妹们的信心。作为一名从穷山沟里走出来的农家女，她始终不忘乡亲们的疾苦，主动融入脱贫攻坚主战场，倾情助推巾帼脱贫。通过组织当地人们进行生产活动、帮助农村和城镇待业妇女学会羌绣技艺，解决了就业岗位。公司同贫困户人员及待业人员签订用工合同，介绍她们到公司就业，同居家灵活就业的绣娘签订产品回收协议，免费提供材料绣具，使贫困人员在家中利用闲暇时间，完成绣品，然后公司会高于市场价回收产品。截至目前带动了一百户三百人，增收3071元，人均1456元。这些妇女增加了收入，提高了生活质量，而且多数是在家就业，既能照顾老小，又能为家庭增收，成为家庭脱贫解困的重要力量。

"雄关漫道真如铁，而今迈步从头越。"王小琴有信心也有决心进一步做大做强羌绣产业，继续加大对农村留守贫困妇女的培训力度，带动姐妹们用聪慧的头脑和勤劳灵巧的双手发展指尖上的致富路，一针一线绣出广阔天地、一技一业助力脱贫奔康。王小琴正用自己的带贫模式在脱贫奔康的大道上铿锵前行，把羌文化更好地发展、传承、壮大下去，把姐妹们的生活装点得更加绚丽多彩。她也将充分发挥典型示范引领作用，引导和激励更多的女性立足岗位，锐意进取，展示"自尊、自信、自立、自强"的巾帼风采。

2019

·7月

"BMW 中国文化之旅"海南探访，推选三项非遗的五位传承人进入"清华美院—BMW 非遗保护创新基地"。

·10月

五位来自海南的传承人进入清华大学美术学院"中国非物质文化遗产传承人群研修研习培训班"，展开为期五周的学习。期间传承人们在"非遗进清华：非遗展演"活动上进行了技艺展示。

2020

·9月

"BMW 中国文化之旅"辽宁探访，输送六位来自辽宁和湖北地区的传承人进入"清华美院—BMW 非遗保护创新基地"。

·10月

12 日，主题为"非遗艺术产业发展"的 2019—2020"清华美院—BMW 非遗保护创新基地"学术沙龙活动在清华大学美术学院顺利举行。本次学术沙龙活动旨在展示、交流清华美院导师与海南传承人这一年间的合作成果，并汇聚多领域专家学者共同探讨未来非遗文化的创新方式与延展方向。

·11月

12 日，2020—2021"清华美院—BMW 非遗保护创新基地"2020 年研修班导师见面会在北京举行。来自辽宁、湖北的六位传承人展开为期一个半月的研修班课程。

2021

·7月

"BMW 中国文化之旅"云南探访，遴选五位非遗传承人进入"清华美院—BMW 非遗保护创新基地"。

·10月

抚今追昔，焕新琼采；技贯古今，溯源辽鄂。2021"BMW 中国文化之旅"社会创新成果展在 BMW 上海体验中心正式开幕，展出了来自清华美院专家团队与海南、辽宁、湖北各地的非遗传承人共同创作的作品。

·12月

18—29日，"清华美院—BMW 非遗保护创新基地"为五位来自云南的传承人组织举办了九期线上"非遗传承人艺术审美与修养系列精品讲座"，邀请本年度参与合作项目的导师与关心、支持非遗技艺创新发展的特邀讲座专家一同聚焦提升非遗传承人的艺术审美与修养。

2022

·4月

8日，2020—2021"清华美院—BMW 非遗保护创新基地"的"非物质文化遗产保护创新模式探究与实践"结项会在清华大学美术学院举办，来自辽宁及湖北的六位非遗传承人圆满完成项目。

·5月

27日，2021—2022"清华美院—BMW 非遗保护创新基地"导师见面会以线上会议形式顺利举行。

·12月

2022"BMW 中国文化之旅"非遗保护创新成果展在中国科学技术馆开展，来自云南的非遗传承人与清华美院专家团队合作创作的作品于展览上正式发布。

2019 – 2020：海南
项目团队及作品介绍

• 导师：王悦
清华大学美术学院教授

• 非遗传承人：符林早
黎族传统纺染织绣技艺

• 黎锦作品《和·合》

黎锦传统工艺讲求"天有时，地有气，材有美，工有巧"。天地相生，棉麻相融，织染相成，人的价值在过程中凸显，正所谓"天人合一"。当民族文化与城市文明相遇，当传统染织与现代设计碰撞，《和·合》便具有了超越时空的文化魅力。赋色以形，归以蓝白。素雅的棉麻与华贵的珠绣，紧致的织染与蓬松的流苏，蓝白的底色上东方文化元素"和谐共生"。《和·合》以蓝白纳万物，以织染藏五蕴，以珠绣系因缘，设计与黎锦在转化中孕育生机。

• 导师：申伟
清华大学美术学院教授

• 非遗传承人：黄翠花
黎族传统纺染织绣技艺

• 黎锦作品《凤求凰》

黎锦历史悠久，宋代起便因其色彩艳丽、图案新颖、做工精良而闻名于世。黎锦图案繁多，其内容主要反映黎族社会生产、生活、爱情婚姻、民间活动以及传说中吉祥或美好的形象物。《凤求凰》作品图案灵感来源于海南本土植物葵树，并对其进行艺术加工处理成现代风格的艺术图案，结合传统黎锦工艺，制成具有观赏实用性的床旗、桌旗，更好地将传统工艺融入现代家居生活中。

- 导师：莫芷
  曾任清华大学美术学院
  助理教授

- 非遗传承人：黄丽琼
  黎族传统纺染织绣技艺

- 黎锦作品《摇篮叙事：曼陀罗》
  黎锦是具有仪式感的纺织品，多与女性有着千丝万缕的联系。"摇篮叙事：曼陀罗"意在突出女性在抚育过程的特殊位置，作品大量使用深红色以回应"母体"和"原始本能"。黎锦上出现的人物、花草、牛马形象，也是母亲们所理解并构建的"世界"并影响着下一代，这些纹样也是人类发展早期看待和描述世界的最真挚朴素的语言。

- 导师：岳嵩
  清华大学美术学院副教授

- 非遗传承人：冯增超
  海南东坡笠

- 竹编作品《浮莲》
  作品基于海南东坡笠竹编传统工艺，与现代生活空间结合，设计创作竹编系列饰品，灵感来源于自然界中浮莲的形态，打破了传统竹编整齐划一的状态，营造出多层次的丰富的展示效果，运用多种传统竹编技法于一体，以现代组合方式、错落有致的展现。

- 导师：王轶男
  清华大学美术学院副教授

- 非遗传承人：吴名驹
  海南椰雕

- 椰雕作品《云起·潮落》
  以传统椰壳雕技艺为基础，融入当代雕塑艺术的创作观念，对传统技艺的继承和当代艺术的创作进行积极的融合，尝试崭新的椰雕艺术表现形式。发挥天然椰壳材料的独特性进行创作，以每个椰壳独一无二的个体运用组合、构合的方式呈现出现代性的椰雕作品，提升作品的观赏性。

2020 – 2021：辽宁、湖北

项目团队及作品介绍

- 导师：鲁晓波
  清华大学文科资深教授
  清华青岛艺术与科学创新
  研究院院长

- 非遗传承人：陈焕升
  辽宁琥珀雕刻

- 作品《松鹤》
  作品《松鹤》，喻标格出众，又作长久之意。琥珀多由松科植物树脂石化形成，故又被称为"松脂化石"。在中国，松树一直具有非凡的象征意义，因此松脂琥珀自古就被视为珍贵的宝物。本作品正是基于松与鹤的天然关系，将瑞鹤雕于琥珀上，灵动瑞鹤与沉静琥珀浑然结合，托物言志，展现中国人文精神经久凝结的傲骨、高洁、超然的品格。

- 导师：王晓昕
  清华大学美术学院副教授

- 非遗传承人：石岩
  辽宁传统锡雕

- 作品《流觞曲水》
  本套作品选择宝石刻面琢型作为主要题材，运用符合当代审美的几何切面造型，对传统锡器工艺进行当代转化和创新实践。使刻面宝石的造型形式美与茶具的实用功能相结合，融入人们的生活，寻求传统锡器工艺向当代转化的创新点。有如文人雅士纵情山水、作流觞曲水之举，反映出锡器蕴含的文人精神。

- 导师：杨佩璋
  清华大学美术学院副教授

- 非遗传承人：邹传志
  湖北楚式漆器髹饰

- 作品《对话》
  探寻文化渊源，楚辞与老庄、浪漫主义与自由精神相结合，以楚式漆器历史、工艺、纹饰、造型及色彩为载体，应用性、功能性与艺术、审美表达相结合；立体雕塑、壁饰及小摆件现代工艺与传统特色工艺相结合；3D 数字木工雕刻胎体与手工髹漆贴金、彩绘相结合。

- 导师：刘润福　　　　　　　　　　● 非遗传承人：冯月婷
  清华大学美术学院副教授　　　　　　辽宁松花石砚技艺

- 作品《蝶》《来潮》《海蓉》
  《蝶》系列运用传统的镶嵌技法，尝试对传统砚台装饰的现代化演绎；《来潮》吸收了中国人文情怀的重要元素"上善若水"，海纳百川，有容乃大；《海蓉》系列运用传统松花石砚雕塑技法，发挥松花石砚本有的素材质感，跳出传统的砚台造型形态，探索具有中国审美的当代松花石砚造型形式。

- 导师：宿志鹏　　　　　　　　　　● 非遗传承人：杨帆
  清华大学美术学院副研究员　　　　　辽宁阜新玛瑙雕

- 作品《可能失落或未曾出现的文明》
  螺丝钉的符号形象，结合阜新作为典型的东北工业城市的时代特征所暗示出的意义，以及螺钉螺母这种丝扣绞合的方式，同传统玛瑙工艺品中多福多寿等吉祥寓意的暗示实际上是暗合在一起的。在此基础上，也为进一步的文创开发留下了极大的可能性，使玛瑙工艺能够成为真正的活着的非物质文化遗产。

- 导师：马文甲　　　　　　　　　　● 非遗传承人：万翔
  清华大学美术学院副教授　　　　　　湖北楚地斫琴

- 作品《白石秋园》
  大漆与雕刻技艺相结合，以制作古琴的造型技艺为基础，以大漆的视觉表现效果和传统文化的视觉韵味作为创作的切入口，根据中国著名艺术家齐白石的作品芭蕉叶和柿子作为题材，用浮雕造型语言以及器物造型的方法，完善造型，制作了芭蕉叶挂件和柿子首饰盒。在综合的空间中，借助齐白石绘画的意境，形成了一个艺术家已经远去，但是其精神与气质仍然在场的氛围。

后记
POSTSCRIPT

"求木之长者，必固其根本；欲流之远者，必浚其泉源。"中华优秀传统文化源远流长、博大精深，非物质文化遗产正是中华文明智慧结晶的缩影，蕴含着我国各民族、各时期的独特文化内核和精华，是中华民族的"根"和"魂"。

非遗"守护者"——非遗传承人，在中国是一个相当庞大的群体。从支持一个人，到影响一群人，我们的责任便是利用艺术与科学协同创新的方式，在传统与多元之间搭建桥梁和平台，让非遗更加贴近生活，产生鲜活的生命力，焕发出它传承至今的真正意义；也让非遗传承人看到自己的"另一面"，不断突破自我束缚，逐步从一名手艺人转型成艺术家、企业家，并从学业者变为授业者，共同参与到我们"唤醒"中国非遗传承的行动中，利用自己的实践经验来培育下一代传承人，让非遗连绵不绝地传承发展下去。

自 2016 年清华大学美术学院与 BMW 共同创办"清华大学美术学院— BMW 非物质文化遗产保护创新基地"以来，有大批来自祖国天南海北的传承人走进清华校园完成了非遗研培课程，将现代化设计思维与传统非遗技艺相结合，践行非遗创新发展，基地已然成为非遗走进现代生活的桥梁。2019 年，清华青岛艺术与科学创新研究院参与合作，进一步拓宽了传承人的视野，开启了"授人以渔"的新思路，协助共计十六位传承人与清华大学美术学院导师组成项目组，通过"1+1""做中学"的模式创作出了一批令人惊喜、赞叹的成果作品，并在社会中引起热烈反响，也让我们看到了非遗作品进一步市场化、产业化的可能性。

回首这六年，初心不忘，我们以"非遗走进现代生活"为共同目标，在合作中不断探索非遗文化传承与创新的方式方法。如今，我们将六年间的故事汇编成册，它满载清华大学美术学院导师与非遗工匠们在创新之路上的尝试，以及双方之间思想与文化碰撞出的创意火花。由于疫情导致的不便，许多活动转为线上形式，但我们希望读者能透过字里行间，由衷感受到项目参与者、老师、传承人们对于做好非遗传承创新的满腔热血。

展望未来，我们期望的还是非遗能够见人见物见生活。在深入贯彻习近平总书记参观清华大学美术学院时提出"美术、艺术、科学、技术相辅相成、相互促进、相得益彰"的指导精神背景下，我们将一如既往地支持非遗传承人，支持中国非遗保护创新事业，回应习近平总书记的嘱托，真正发挥美术在服务经济社会发展中的重要作用，把更多艺术与科学元素应用到非遗传承发展中，用非遗创新成果更好地满足人民群众的高品质生活需求，以非遗活化的形式为中华文化注入具有时代精神的生命力，让我国文艺以鲜明的中国特色、中国风格、中国气派屹立于世。

汪建松
清华大学美术学院长聘教授
清华青岛艺术与科学创新研究院执行副院长